社会主义核心价值体系建设
"双百"出版工程
项　目

/ 100位

新中国成立以来感动中国人物/

任 长 霞

申 剑　申 硕／著

吉林出版集团｜吉林文史出版社

前　言

　　每个人的心中都多少有一点英雄情结，都向往英雄、景仰英雄。也正因此，在中华人民共和国建国六十周年之际，由中央十一部委联合组织开展的"100位为新中国成立作出突出贡献的英雄模范人物和100位新中国成立以来感动中国人物"的评选活动中，群众参与投票总数近一亿。这其中的每一张选票，都表达了人们对英雄模范的崇敬之情，寄托着对伟大祖国的美好祝福。

　　一个民族不能没有英雄，否则这个民族就不会强大。当国家危难之时，懦弱者选择了逃避、妥协甚至投降，英雄们却挺身而出，用热血捍卫民族的尊严，人民的幸福。在创立和建设新中国的伟大历程中，涌现出无数可歌可泣的英雄模范人物。他们之中，有为了民族独立和人民解放而英勇牺牲的革命先烈，有为了党和人民的事业而不懈奋斗的优秀共产党员，有在全民族抗战中顽强奋战、为国捐躯的爱国将士，有英勇杀敌的战斗英雄和革命群众，有积极从事进步活动的著名民主爱国人士和国际友人……他们是民族的脊梁、祖国的骄傲，是激励全体人民团结奋斗的精神力量。

　　《100位新中国成立以来感动中国人物》丛书，就像一部星光璀璨的英雄谱，真实、完整地记录了英雄模范人物不平凡的一生，再现了他们非凡的人格魅力和精神世界。舍身堵枪眼的黄继光，拼命也要拿下大油田的王进喜，中国原子弹之父邓稼先，新时期领导干部的楷模孔繁森……一串串闪光的名字，一个个动人的故事，犹如群星闪烁，光耀中华。

　　当今中国正处于伟大变革的时代，迫切需要涌现出一大批勇于承担历史使命、为祖国和人民奉献一切的先进人物。在"双百"人物崇高精神的引领下，在建设社会主义现代化国家的征程中，必将英雄辈出。

生平简介

任长霞，女，河南郑州人，生于 1964 年 2 月 8 日。1983年毕业于河南省人民警察学校。1992 年加入中国共产党。曾任郑州市公安局中原分局预审科副科长，中原分局法制室主任，郑州市公安局法制室副主任，1998 年被任命为郑州市公安局技侦支队支队长。她多次深入虎穴，化装侦察，曾立下个人一等功一次、二等功一次、三等功四次，在河南省预审战线上创造出了无人比拟的业绩，被誉为女神警。2001 年 4 月调任登封市公安局党委书记、登封市公安局局长。她始终把人民群众的疾苦和安危挂在心上，旗帜鲜明、不遗余力地铲除黑恶势力，解决了十多年来的控申积案，抓获犯罪嫌疑人 3200 余人。2004 年 4 月 14 日晚 8 时 40 分，在侦破"1·30"案件中，途经郑少高速公路 280 桥东 190 米处发生车祸，被送往郑州市中心医院，经过 4 个小时的紧急抢救，终因伤势过重，不幸因公殉职。年仅 40 岁。2004 年 6 月，被公安部追授为全国公安系统一级英雄模范称号。

1964-2004

[RENCHANGXIA]

◁ 任长霞

目 录 MULU

长天，永恒的霞光（代序）

她是一个平凡而伟大的英雄。

她是一个最真实最可爱的女人。

她铁血柔肠，她剑胆琴心，她曾只身涉险深入虎穴，她曾千里追凶爬冰卧雪，她以雷霆之势铲除黑恶势力，她将满腔热血尽洒嵩岳大地。

她是登封市公安局局长任长霞。她在登封工作了三年零三天。她来这里的时候悄无声息，她离去之时却惊天动地。20万百姓自发为她送行，登封城举城皆哀，泪飞如雨。

功过是非，皆在民心！

她是人民成就的英雄！

英雄已逝，但她留下的并不只是光辉和功绩。作为一个最真实的女人，她四十载春秋的生命历程到底有着怎样的眷恋与苦痛、哀怨与委屈，她有没有过长夜流泪的时候，她有没有过惶恐无助的时候，她是否曾在千钧一发之际难于抉择，她是否曾在午夜梦回之中柔肠百转……

她的心里，装着登封数十万百姓的平安，也盛载着对家人的无限思念。当工作与亲情成为一个必须有所取舍的矛盾，她选择两头握牢，都不放下。但她天性柔软的肩膀实在无法负荷，于是，属于情感的一头被一再地倾斜，再倾斜……

在这个过程中，她无限揪心与痛苦，但她无悔，因为她相信未来，漫长的未来可以让她做出弥补。如果她知道自己的生命会在 40 岁时戛然而止，她的选择也许会有变化，她的亲人们也许会得到她更多一些的时间与关爱……

她是一个女人，也是一个英雄。嵩山脚下将会永远留传着她的名字——任长霞。

刑警本色

→ 巾帼神警

★★★★★

1983 年 10 月的一天，19 岁的任长霞走出了河南省人民警察学校的大门，来到郑州市公安局中原分局预审科，当上了一名预审民警。

19 岁，正是追寻梦想的年龄。此后的日子里，她把"打击罪犯，保护人民生命安全"当成自己人生的最大追求。她的案头放着一本本专业书籍，日记本上记下了一页页的办案体会。英姿飒爽的她很快从一个新兵成为办案能手。

1991 年 5 月，长霞受理移送逮捕的王劲松两人特大盗窃案。通过认真阅卷和分析，她认为二人并没有把所犯罪行全部交代，一定还有余罪可控。于是，便开始了不辞辛劳的奔波，为了调查取证，她一次次走访罪犯家属，动之以情，晓之以理。两个月下来，她的双脚磨出了血泡，身上也被晒得脱了层皮。最终她打开了缺口。由此案挖掘余案积案120起，抓获漏网案犯13人，其中4名罪犯被判死刑。这桩案子使得长霞在警界一举成名。

紧接着她又在郑州市公安系统和政法战线两次岗位练兵大比武中双双夺冠。

1993年4月，为了彻底摧毁一个贩毒团伙，长霞主动请缨侦破此案。毒贩都是些丧心病狂的亡命之徒，稍有不慎就有可能付出血的代价。为了诱敌出洞，长霞乔装打扮，只身混入毒贩中间，几番周旋，当场擒获9名毒贩。

在中原分局的13个年头里，她从预审民警、预审科副科长、法制室主任，一直干得很出色，把每一个属于自己的角色都演绎得完美极致。很多人认为她幸运，只有真正了解她的人才知道她为此付出的代价。对她而言，"警察"这两个字所代表的不仅仅是一种职业，更是一种信仰。一个把职业当做信仰的人，必然是要在人群中脱颖而出的。13年中，长霞审理了上千起案件，深挖犯罪线索1072条，追捕案犯950人。正是这13年的卧薪尝胆、摸爬滚打，成就了以后技侦支队战功赫赫的女英雄任长霞。

1998年11月，34岁的任长霞通过竞聘出任郑州市公安局技侦支队支队长，短短一个月，她带队先后端掉了三家涉黄场所和两家涉毒场所，每次都是指挥若定，大获全胜。

1998年12月16日凌晨2点，根据举报得知，长期盘踞在郑州二七鞋城、豢养百余名打手、为非作歹、欺压商户的黑帮头目胖建、孬货及其同伙，当天上午 10 点要在郑州市邙山公墓为死去的同伙举办"五七"祭日。长霞认为这正是抓捕的好时机。为抢在罪犯前面，任长霞带领侦查员凌晨 3 点赶到公墓布局，占领有利地形。冬夜的墓地阴森恐怖，寒风刺骨，她与队员们一蹲就是七个小时。大约 10 点钟，当目标进入包围圈时，长霞一声令下，四面埋伏的侦查员迅速扑上前，将在场的犯罪嫌疑人当场抓获。胖建和孬货因临时改变主意逃脱。长霞率支队队员穷追不舍，加大了追捕力度，走投无路的胖建和孬货决定孤注一掷。胖建给长霞打电话说：任长霞，给你 30 万买个平安行不行？长霞说：不行。胖建恶狠狠地说：那我就不客气了。长霞深知他是什么事都能干得出来，她左思右想，把儿子毛毛"寄存"到朋友家去了。她没想到的是，胖建和孬货居然绑架了她的小叔子。幸亏小叔子机警地半路逃脱了，否则后果不堪设想。半年后，胖建和孬货终于落网，盘踞在二七鞋城的黑势力团伙被彻底摧毁。

2000 年 8 月，为了打掉河南最大服装供应地——郑州市敦睦路服装批发市场王张勇黑势力团伙，任长霞带队秘密进驻市场排查摸底，迅速掌握了王张勇一伙纠集数十名打手，在市场内手持枪支、大刀、钢鞭等凶器公开敲诈勒索、侮辱妇女、殴打无辜、致伤致残多人的犯罪铁证。心惊胆战的王张勇携其团伙成员集体潜逃，二十多天音讯全无，侦破工作陷入僵局。长霞通过对王张勇通讯工具和所有关系的昼夜监控，终于发现他们一伙潜藏在深圳。在深圳警方的配合下，王张勇等 8 名团伙主要成员全部落网，当场缴获"雷鸣登"五连发弹霰枪两支，带瞄准镜的小口径步枪 1 支以及各种砍刀、匕首 26 把，子弹 96 发和赃款 14 万元。

在技侦支队那两年血与火铸就的岁月里，长霞与战友们同生共死，肝胆相照。她曾和他们一道埋伏在令人毛骨悚然的墓地里，她曾和他们一道和衣而卧在冰冷的地板上，她曾和他们一道熬过一个个寒风刺骨的长夜，她曾和他们一道面对过歹徒手中的刀枪，她曾和他们一道为了侦破大案在办公室度过春节的 7 天长假，她曾和他们一道跋山涉水走遍了全国 20 多个省市调查取证，破获了近 300 余起抢劫、杀人等特大案件，抓获了 350 多名犯罪嫌疑人。此时的长霞已成为让罪犯闻风丧胆的警界女神警。

➀ 使命如山

★★★★★

2001年4月的一个上午，37岁的任长霞乘车前往登封，出任登封市公安局党委书记、登封市公安局局长。

登封市位于河南省中西部，中岳嵩山南麓，距其省会郑州76公里。东面是新密，南面是禹州、汝州，西接伊川，北连偃师、巩义。总面积1220平方公里，山地面积占60%。1979年开放为风景旅游区。现存全国重点文物保护单位13处，文物史迹1000多处，是全国文物第一市，最著名的景点有少林寺、中岳庙、嵩阳书院、法王寺、观景台，还有太室山、少室山、卢崖瀑布等。被命名为国家卫生城市、中国优秀旅游城市。全市有三个办事处、两个区、六个乡和六个镇。颍水是嵩山的主要河流，发源于少室山。这里还是革命老区，在抗日战争和解放战争中，这块土地上牺牲了1300名先烈。全市常住人口是60万，常年流动人口却达150万人左右，一度黑社会横行，积案累累，百姓怨声载道，是河南恶性案件的重灾区；它还以居民"性剽悍，善诉讼"著称，是有名的上访城市，治安状况异常严峻。全局只有600多名警察，警力严重不足……

要在这样一个全然陌生的环境中带好一支600多名警察的公安队伍，这副担子实在是太沉太重了。自从接到组织上的任命通知，长霞的心就一刻也没有平静过。从警近二十年了，什么样的人和事没见过，什么样的磨砺和危险都经历过，出生入死有过，赴汤蹈火有过，荣誉有过，刹那间的恐惧和不安也有过，唯独没有过眼下这种说不清道不明的混杂着忧虑、急切甚至是惶惶然的心绪。一向坚定的任长霞第一次对自己打了问号。她实在没有十足的把握啃下登封市公安局这块硬骨头。"硬骨头"这三个字是长霞一贯敬佩的市公安局局长兼省公安厅副厅长说出来的。任命通知下来后，局长代表局党委和她谈话，她清楚地记得局长说了三句话。

第一句话就是组织上相信你能啃下这块硬骨头。

第二句话是你必须干好。

当时她就反问了一句：这是调任还是命令？

局长的第三句话只有两个字：都是。

车子转了一个弯，一道苍灰色山脊蓦然扑入长霞的视线，这就是举世闻名的中岳嵩山了。乍暖还寒的早春时节，山上的树木远不及地面上苍翠，但远远望去也有了斑斑绿意，正是这峰峦叠嶂间的一抹抹绿，映衬得嵩山更加奇峻挺拔。长霞摇下车窗，任山风凛凛扑面，肺腑间霎时荡满了嵩山的气息，这气息清新、透明，没有一丝杂质，却也咄咄逼人，冰凉沁骨。

长霞知道自己生命中最强大的一次挑战就在眼前了。

警令如山。既然毫无退路，那就扛起重担向前走。

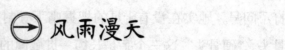

风雨漫天

★★★★★

雷厉风行，是警察的特质，也是长霞一贯的工作作风。

上午到局，长霞先与11位党委成员开了个见面会，再就是走马观花地到各科室看了一遍。已是中午，简单用过带有欢迎性质的午饭，长霞终于走进自己的办公室。办公室是个套间，外间办公，里间卧室带洗手间。办公室打扫得很干净，每一样该有的东西都有，没有任何一样多余的东西，这和班子成员对自己的态度一样，礼貌又有分寸，亲切却不亲近。从他们的眼神中，长霞可以感受到他们的态度，那是一种带有观望、观察、不确认甚至是怀疑的态度。对此她是理解的，要一帮年龄比自己大、经验比自己多的男人一下子接受和服气一个年轻瘦小的新派来的女局长，是需要时间的。长霞决定把这个时间缩到最短。

　　下午两点，长霞走进会议室。点名介绍时，她努力把依次站起来的人一个个记在脑海中，警令处、政治处、纪检处、督察大队、110指挥中心、法制科、控申科、警卫科、宣传科、行政科、信息网络监察大队、国保大队、治安大队、经侦大队、看守所、拘留所、分局、保安公司、刑侦大队、防暴大队、交巡警大队，还有17个派出所。长霞感到自己大致上可以把每个人与他们的职务对上号了。待会议开到最后轮到长霞压轴讲话时，她只对大家说了三句话：第一是关于工作安排，要待深入基层了解情况后再和党委成员研究布置。第二是关于人事方面，郑重地说明，半年内人事不会有变动。第三是希望大家支持她的工作。

　　傍晚，一阵紧似一阵的头痛恶心向长霞袭来，这场感冒来得实在是太凶猛了，也许这是嵩山给她的第一个"下马威"。长霞走进自己的办公室，飞快地脱掉警服换上便衣，她不敢不快，如果慢慢来，她怕自己真的会一头栽倒，那样的话，笑话可就闹大了。费了不少口舌，好不容易把晚上的欢迎宴取消掉，长霞几乎是一步一挪地走到局门口的少林大道上，看看站岗的保安，她又走出几十米，这才伸手拦了辆出租车，去市人民医院，她告诉司机。她知道中国的每一个城市和县城都有人民医院，并且几乎都是当地最好的医院。最好的医院也往往是最麻烦的医院，从挂号、看病、向医生陈述病情、量体温，再去划价、交费、取药，到最后的输液，长霞被折腾得头晕眼花，这当中她还扶着墙壁用很轻快的语气接了三次手机。

　　消炎药、退烧药一滴滴进入体内，长霞感到力气慢慢回来，身上也不那么酸软乏力了。输完液从医院出来已是晚上十点钟。夜晚，长霞迎着清爽的山风，漫步在少林大道上。漫走，对她已是一种难得的享受和奢侈，18 年的从警生涯，早已使她养成了风风火火疾步如飞的行走习惯，她几乎已淡忘了漫步夜路的闲情，也不记得上一次的漫步是在哪一年的哪一天。也许生活中每一个雷厉风行的女人，她的内心深处都在悄悄向往和风细雨云淡风轻的境界，此刻的长霞，多么希望这一段路程长一些，再长一些，长得能绵延在她未来岁月每一个夜晚和黄昏。

→ 以民为天

★★★★★

　　夜晚的嵩山，湖水般湛蓝湛蓝的天幕仿佛就那么低低地垂在头顶上，满天星斗是一尾尾扑打着湖面的银鱼，大如盘，小如盏，密密麻麻地多得数也数不清，一下一下地翻腾着亮晶晶的肚皮，偶有灰黄的云朵小舟样荡皱那一汪蓝盈盈的湖面，就有些小鱼儿跌入深不见底的湖水，另一些小鱼则泛着鳞光就势跃出，还有薄纱般的云絮水草样摇曳着，时不时地拂过鱼儿亮白的肚皮。

　　如果说郑州的夜晚是属于霓虹灯的，那么登封的夜晚则是属于大山的，霓虹灯闪烁五彩斑斓，人在其中往往会不由自主地追寻光影的灿烂而迷失自己。而大山，眼前在黑夜中影影绰绰连绵不尽的嵩山，才是沉默安详而又充满力量的，这种具有无穷爆发性的力量，可以使迷失在幻彩中的人再度找回真正的自我。也许是冥冥之中的一种感应，长霞觉得此时此刻的自己正在和嵩山骨血交融着，这座大山是懂得自己的。

长霞找了家卖砂锅刀削面的摊位坐下，要了一大碗刀削面，又要了一盘小蕃茄和一盘黄瓜。

妮儿，你吃不了恁多，蕃茄和黄瓜要半份就中。五十来岁的摊主笑着劝她。

这人居然叫她"妮儿"，"妮儿"可是登封人对年轻姑娘的称呼，37岁的长霞实在不能不高兴。

面和凉菜很快上来，热呼呼的饭，明晃晃的灯，身边谈兴正浓的食客，满脸笑容的摊主，还有习习的夜风和远处一抹隐约可见的沉睡中的嵩山山脊，好一幅太平盛世的红尘烟火图！长霞吃得痛快淋漓，如果不是临走时多问了那么一句话，她的好心情最起码也能维持到明天早晨。

她是在结过账站起身时问的，她问摊主，大伯，咱们这儿治安怎么样？

妮儿，你可得赶快回家，这一片夜里总有人抢包。摊主说。

不会吧，大伯，这儿离公安局这么近。

你不知道？妮儿，咱这公安局早就变成"粮食局"了，光吃粮食不抓坏人。摊主的语气很平静，仿佛说的不过是刀削面和拉面的区别。

长霞就又坐下了，她想了想，又问，大伯，咱公安局为啥不抓坏人，是抓不住?

可不是? 连十年前的案都破不了，笨得不轻哩，……就是君召乡那两个小妮儿被奸杀的事，好像是 90 年吧，一直没破，弄得人家家人上访了十年，连北京都去了。摊主叹口气，不过妮儿，要说咱公安局也不孬，从来不来找麻烦。俺家就是这老城关镇的，听俺爹说，解放前国民党的警察一来就得牵走两只羊，回去熬汤，那味儿能香出几里路……我这辈人命好，算是摊上太平光景了。上个月俩警察来这儿吃面，发现前头那摊儿上有小偷，撂下碗就蹿过去，一下就把小偷逮住了。嘿，还回来把我的面钱结了，我说不要了，人家搁下钱就走了，那俩警察是真好啊……长霞心里一阵刺痛。

这就是我们的老百姓，最善良最真诚最朴实最卑微也最懦弱最容易满足的老百姓，只要你不来牵走他家的羊，他就不会说你不好，只要你为他做一点点的事，哪怕是吃饭付钱这样天经地义的小事，他也会觉得受之惶恐，只因为你身上有制服头上是国徽，你是官人哪! 在他们眼中，你若不欺不压不拿不抢就是好人，他们早已不敢再对你有什么别的指望了。伸张正义? 主持公道? 除暴安良? 保万家平安? 那是天神才能做到的事啊！望着摊主那张沟壑密布的黝黑的脸，长霞感到一腔热血正在心底岩浆样翻滚沸腾，她要让他、让无数个和他一样的人们知道，警察头顶的国徽和公安局大院内那面被无数鲜血染红的旗帜到底在代表着什么。那是庄严是神圣，是一份历经 50 年风雨的浓情和承诺，那是共和国法律的声音！

长霞被一腔热血振奋着，她喜欢这种热血沸腾的感觉，因为只有这样的感觉才能令她体会到这种神圣和庄严。在她心中，这份神圣是不容许亵渎的，任何人都不可以。

 警风长清

★★★★★

登封，真是一个神奇的地方。

短短的一天，长霞的心情从天到地翻

了个个儿，上午车临登封地界时她想的是没有退路了，只能往前走；深夜离开老人的面摊时她想的却是就算有退路我也绝不退半步。如果说这座大山这方水土给予长霞的是一种力量，那么这里的人们则让她感到一种压力，一种有亲有情也有痛惜的压力。

长霞在 2001 年 4 月 11 日的那页台历上用刚劲的字体写下三个字：嵩山人。

她立誓，从这天起，她要大刀阔斧地为嵩山以及嵩山百姓擂鼓鸣锣，冲锋陷阵。

大金店乡位于颍河左、中、右源的汇合处，北连城关镇，人口稠密，村庄密布，是登封比较大的集镇。它的得名也算得上有来头。北宋末年，金兀术率女真大军以不可抵挡之势入侵中原，占领了北宋王朝大部分疆土，他的两个儿子金花骨都、银花骨都自幼习武，剽悍骁勇，是金兀术的得力部将。当时的颍阳县（今登封）就是被金、银两个花骨都合力攻克的。兄弟二人各驻一地，金花骨都就驻军在大金店乡。也许是自恃功高，金花骨都把大金店易名为"大金殿"，暗指自己迟早要坐金銮殿，颍阳百姓自是敢怒不敢言。岁月更迭，民心如铁，"大金殿"最终又成了"大金店"。2002 年 4 月 12 日正午，大金店乡派出所接到报警：集镇十字路口有人背包被抢。值班民警正急着上厕所，没有立即报告。也就三五分钟的样子吧，报警电话再次响起，两个民警急匆匆往外奔，到了门口却不得不停下，派出所大门被一个个子不高三十来岁的女警官"堵"

住了。

女警官目光如炬，一字一顿地：我是任长霞，是我报的警。为什么这么慢？

白坪乡位于登封南部，接壤汝州，这里周围环山，地势平坦，抗日战争时期是革命根据地，几乎每一寸土地上都浸染过烈士的鲜血。2002 年 4 月 13 日的白坪街同以往每个日子一样，人来人往，车马扬尘。日暮时分，一辆 110 警车悄无声息地停在白坪街西边的粮店门口。

此刻，白坪乡派出所所长韩迎声正守着报警电话值班。有人报警称白坪街粮店门口有人打架。韩迎声放下电话，出门，上车。派出所离报警的粮店较近，他只用两分钟就赶到了现场。迎接他的是一身便装的女局长任长霞。到白坪乡派出所一看，长霞对内务、卫生状况都比较满意，叫所长韩迎声汇报辖区情况，又和几个民警座谈，她在这里待了两个多小时。上车时，长霞对韩迎声连连称赞。

所谓"游中国要游河南，游河南要游登封，游登封要游少林寺"，少林寺以"禅"、"武"名扬天下，是嵩岳风光的点睛之笔。少林寺景区地处嵩山西麓的少室山阴，四周群山苍翠，景致优雅，自八十年代初电影《少林寺》上演后，这里年年月月俱是香火鼎盛，游人如织。许多外国游客不远万里来到这"武术的故乡，迷人的地方"，只为一睹他们十分向往却也毫不明白的"中国功夫"。所以少林派出所的民警对各色人等早已见怪不惊。如果说十年前有个蓝眼金发白皮肤的老外拎着把少林宝剑当街耍几下还能引人围观的话，那么今天的少林寺景区内就算有数十个黑人白人同时大耍刀枪棍棒，怕是也难引来一个观众驻足了。热闹没人稀罕，麻烦却总是不少，这大概是所有旅游景点的"特色"。今天少林所的值勤民警宋小伟又在景区门口碰到了一位难缠的主儿。这主儿也就三十来岁，个不高，样不赖，穿了身套裙还戴着副墨镜，她操着口挺洋气的普通话告诉小宋，她从北京来，钱包昨天晚上在住宿的酒店被盗，肯定是寻不回了，她此次来登封最大的心愿就是看看少林寺，可身上实在没钱买门票，俗话说有困难找民警，她再三恳请宋小伟满足她这个心愿并借给她三十块钱让她到郑州找朋友帮助。女人说得在情在理，小宋却觉得有些什么地方不对头，不过就算是骗子又能有多大损失呢？反过来，如果她所言是真呢，总不能让人家满肚子遗憾地回北京吧。宋小伟就给了女人三十块钱，并把她送进少林寺大门。女人要小宋留下姓名地址，小宋摆手，说这不算啥，民警就该帮民嘛，女人就说好，好，好。

接下来是送表派出所。再接下来是城关、石道、君召、卢店……

017
刑警本色

长霞马不停蹄地用各种不同的方法把17个派出所"摸"了一遍。她随身携带的小笔记本记得密密麻麻，各所的问题、状况、民警素质以及下一步的调整计划，她都一一写在本上也记在心里。

　　周末，长霞收到一封从门缝塞来的纸条。

局长：

　　看你像个干事人，才告诉你一些真的。金夜酒店403房间，每晚。竹风斋茶楼银竹阁，周末。

　　凭直觉，长霞相信这张字条的真实性。她清醒地意识到，初来乍到的她要想镇得住、坐得牢且大展拳脚，就必须掌握最真实的第一手资料。她决定带上班子成员一起去探个究竟，以后的工作必须有他们的紧密配合才能完全打开局面，这次就算是扑了空又怎么样，你可以说我线索不准，也可以说我盲目行动，但你不能说我什么都不知道。

　　晚上十一点半，五位班子成员和长霞上了一辆面包车。十分钟后，他们敲响了金夜酒店403房间的门，来开门的是个披着睡衣的年轻女子。这是一个套房，卧室的门紧闭着，这女子不到三十岁的样子，身段苗条，眉眼也生得妖娆，女子看见几个穿警服的人并不惊慌，只一愣神就堆出了满脸的笑，几位大哥弄错了吧，都是自己人……长霞推开她，猛地拧开卧室的门，于是，门口的女公安局长和床上赤身裸体的派出所所长同时僵住了……

　　竹风斋茶楼楼如其名，布置得倒也雅致，只是没有想象中修长挺拔的竹子，只有两盆硕大的台湾富贵竹缠金挂银地立在厅堂，甚是煞风景。裹了一身鹅黄色旗袍的迎宾小姐袅袅婷婷地迎上来：欢迎光临，请问几位是喝茶还是打牌？长霞放低声音：小姑娘，我们来凑桌角，银竹阁，你带路。银竹阁的日式推拉门大概选材不错，推开时没发出一点声音。长霞看到自己麾下的两个中层干部正和另两个农民模样却一身名牌的中年男子掷骰子，桌面上横七竖八地躺着些百元大钞……

➡ 初试身手

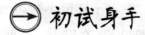

★★★★★

正当长霞紧锣密鼓地进行警风暗查的时候，"4·15东金店强奸焚尸案"案发了。2001年4月15日23点25分。东金店汽车加油站。一个满身血污的女孩儿颤抖着拨通了 110 报警电话。

　　17 岁的小丽出生在浙江省一个碧水环绕的小城。江南的水土赋予她雪白的皮肤和柔美的身段，一双乌溜溜的大眼更是顾盼生辉。青春如花朵一样在小丽身上怒放。和所有的花季少女一样，小丽爱唱爱跳，她走到哪里就把歌声笑声带到哪里。小丽还爱遐想，她常常想着哪一天自己忽然就在街上邂逅了一个人，那个人应该有高高的个子，白净的皮肤，还有一双很深沉的眼睛和一副宽宽的肩膀。当他们在街头偶遇的时候，两个人会痴痴地望着对方，然后走上前去，轻轻地互道一声好。接着就是散步、吃饭、看电影、逛公园，再接下来也许会手拉手地相拥着，至于相拥过后该怎么样，小丽就想不出来了，17 岁少女关于爱情的想象力大概也不过如此。想象中的人儿一直没有出现，小丽心里空荡荡的。她是父母的乖女儿，却不是老师眼中的好学生，她的成绩一直不好，最近一段更是一团糟。谁也不知道小丽迷上了上网，她把很有限的零花钱都扔在网吧了。在网上，小丽是快乐的，就像一尾金色的小鱼欢快地遨游在大海。她的网名叫"白雪公主"。所谓天不负人，"白雪公主"终于等来了"黑衣大侠"。他们是在一个叫做"爱情神话"的聊天室相遇的，聊了几句，互有好感，"大侠"勇敢地发出了信号。

　　黑衣大侠：亲爱的公主，嫁给我吧。

　　白雪公主：咱俩不够年龄结婚呀。

　　黑衣大侠：我爸是矿主，他很有钱，我让他给咱俩开个假证明。

白雪公主：让我想想吧。

"想想"没多久，小丽就决定答应"大侠"了，她相信他就是自己梦中的人。两人的网上爱情火爆升温，一个月后，"大侠"说如果"公主"不来，他就会死去。

黑衣大侠：来吧! 快来吧! 我深情地呼唤你。

白雪公主：我要来! 要来!! 你是哪里人?

黑衣大侠：我爱你! 爱你!! 我是登封人。

白雪公主：我也爱你! 你的真名叫什么?

黑衣大侠：我的爱人! 我叫常小贯，你呢?

白雪公主：亲爱的大侠，我叫小丽。我这几天就来。

黑衣大侠：我会带着 99 朵玫瑰去接你，我爱你!

白雪公主：我穿白色连衣裙。我也爱你!!

……

于是小丽就来了，她的确是穿了白色的连衣裙，也没忘记把自己拾掇得光彩照人，可她却忘了把车次告诉"大侠"。到郑州下了火车，再坐长途客车到登封，一出车站小丽就傻了，哪有手捧 99 朵玫瑰的"大侠"啊? 有的只是匆匆来去的人和车。西边望去，火红的太阳就要坠下山峰，冰凉的山风吹得小丽浑身发抖。她好不容易才找到一家网吧。

白雪公主：大侠，大侠，我来了。我在登封车站。

黑衣大侠：哦，爱人！我要昏倒了！我马上去接你！

白雪公主：你快来！带着你的玫瑰来吧！！

黑衣大侠：你等着，我的爱！

小丽为"玫瑰"两个字付出了惨痛的代价。"大侠"确实叫常小贯，确实19岁，确实是一个矿主的儿子，也确实发疯地爱上了从未见过面的"公主"。常小贯一溜小跑地出了家门，不是跑向汽车站接"公主"，而是跑向一个又一个花店。等他捧着99朵玫瑰赶到汽车站，哪里还有他的"公主"！

小丽又冷又饿，浓浓的夜色一寸寸地吞噬着她眼前的一切。她不知道身后一直闪烁着一双邪恶的眼睛。

小姑娘，你等人啊？一个三十来岁的男人出现在小丽面前。

小丽点点头，抱紧双臂。

你是不是等那个……谁啊？男人挠挠头。

我等黑衣大侠，他叫常小贯，你认不认识他？小丽问。

是小贯啊，太熟了。我今天早晨还见他了。男人说。

他家是开矿的。他马上就来接我了。小丽说。

男人恍然大悟般，原来是你啊，这几天老听小贯说喜欢一个外地女孩儿，还说女孩儿要来找他。

小丽羞涩地笑了。男人又说，干等着干什么？我领你去找他吧，给他个意外的惊喜。

小丽犹豫一下，那他来了见不到我怎么办哪？

男人摸出手机按了几下，对着电话说，小贯啊，你刚出门? 别来了别来了，我就在车站，看见你要接的人了。你在家等着,准备点好吃的，我领她回来。

小丽不再犹豫，就跟着那男人走了。

下了车，男人领她往山上走，说开矿的人家都在山上住,小丽也没有怀疑。路越走越窄，磕磕绊绊的，渐渐地就没有了路。惨淡的月色将一切涂抹得影影绰绰。男人突然转身扑来，在那一瞬间，小丽看到了一张魔鬼的脸……

就在这怪风呼啸的荒山上，天真纯洁的小丽跌入了一生永难醒来的噩梦。她被打昏后强奸，那魔鬼走时点燃了她的衣服，企图毁尸灭迹。小丽是被火烧醒的。她挣扎着扑灭身上的火，一寸寸地爬向远处的亮光。

亮光的地方就是东金店的汽车加油站。

警车呼啸而来。

长霞跳下车，她一把抱住衣不蔽体、伤痕累累的小丽。

小丽已经不会哭了，她只是发抖，蜷缩着

抖个不停，抖得两排牙齿"格格"地作响。

长霞叫民警拿了件衣服把她裹起来。谁都明白这个小姑娘遭遇了什么。

长霞一方面安排民警送小丽到医院治疗，一方面组织警力连夜侦查破案。根据小丽提供的线索，"4·15 东金店强奸焚尸案" 33 个小时告破。

魔鬼是被抓住了，也必将受到严惩。但可怜的小丽怕是一生也不会从那个噩梦中醒来。她受到的摧残太深太重，惨不忍睹，一下子就摧折了她青春的花朵。小丽经过医院的全力抢救，总算保住了生命，她身上的伤也在慢慢愈合，但她的眼睛是呆滞的，一点光彩也没有。护士已经几次很婉转地让她通知家人来付医药费。小丽害怕，害怕付不起钱，害怕家人知道这一切，害怕这个城市，也害怕这里的每一个人，她整日蜷缩在病床上一动也不动。她想死，她在想该怎么个死法。

长霞进来时，小丽已经想好要去投水，那样会死得干净些。对这个在自己最肮脏污秽时能够张开怀抱抱住自己的女人，小丽是感激的。一夜之间，她长大了。

她轻轻叫了声"姨"。

只这一声，长霞的眼泪就涌了出来。

长霞一眼就看穿了这女孩的心思。她劝小丽，小丽只是听着，并不说话。长霞打开包，把一个信封放到小丽手上，说，全局民警给她捐了一万块钱，这是结过医院的账剩下的，叫她带在身上带回家去。

小丽的眼睛闪了闪，她说，姨，谢谢你们。

长霞狠狠心，走出门去。再进来时，她的手上就抱了一大丛玫瑰，小丽只是呆呆地看着。

长霞把玫瑰揣到小丽怀里，她说，小丽，这是"大侠"叫我给你捎来的。他知道了你的事，悔得要死，他爸带他到外地待几天。他让我告诉你，他的心不变，他会去你家看你。你要回家好好养病，等着他去。小丽，姨知道你在想什么，可不能啊。回家去等"大侠"吧，他迟早会去看你。

小丽"哇"地哭了。这是她几天来第一次哭。

长霞再次抱住她，心里却重重地叹了口气。

来的时候长霞就买好了花，放在门口没往里拿，如果小丽不是这样，她怎么也不忍拿出这束玫瑰。"大侠"常小贯悔是真的，到外地也是真的，心不变却是假的。这样的爱情游戏，哪里有什么"心"可言，也许他当时也真的以为那就是爱。不过那却是一级风都能吹没的爱。自古痴情皆女子，长霞懂得女孩子的心，眼下让她打消死念的也只能是"大侠"的玫瑰。

临走时，小丽拉住长霞说，姨，你们是好人，我不恨登封了。

⊕ 正气浩然

★★★★★

　　有钱能使鬼推磨。有相当一部分人把
此话当成真理，尤其是那日在 403 房被长
霞"堵"住的派出所所长唐堂对此话更是
深信不疑。

　　一直以来，唐堂就是群众口中的"黄
赌所长"。所谓"黄赌"有两层意思，一是
指他自己爱嫖爱赌，二是指他特别重视"扫
黄打赌"。他曾将两个正在树林里谈恋爱
的青年男女定性为嫖娼卖淫，硬是收了罚
款才算完事。农闲时节，村民们多爱聚在
一块儿打打小牌消磨时间，这样的牌打上
一天输赢也不过十块八块，可唐堂就偏抓
这种牌局。那晚被长霞堵住，唐堂并不慌
张，在他看来，没有什么事是用钱摆不平的。
况且他还是个老公安，不仅有过出生入死

的经历，还曾在一次抓捕逃犯的行动中负过重伤，几乎送命，至今他身上还留有五道刀疤。

唐堂胸有成竹地来到长霞办公室。任局长，我来向你认错，希望你网开一面。唐堂说着就从包里摸出一个信封搁在桌面上。

长霞皱眉，多少？

五万。

不少啊。

局长，你放我一马，我唐堂是知恩图报的人。

收起来。长霞语气平静，却不乏严厉。

唐堂又从包里摸出两个信封，压在头一个信封上。

长霞笑了一下，说，手法娴熟，经验丰富，能省则省，该送就送。看来唐所长操作这类事情也算得上是百炼成钢。你包里还有多少，都拿出来。

唐堂也算爽快，立马又从包里掏出两个信封，码得整整齐齐地推到长霞面前。

局长，你也是女中豪杰，大手笔，能干大事。我唐堂以后就跟定局长了。

长霞说，唐堂，如果你今天不来这一出，我还真难下决心，一直念着你负过伤，立过功，流过血。什么都别说了，带上你的信封，走吧。

唐堂似是有些不能置信，局长，你还嫌少？

出去。长霞喝了一声。

局长，我唐堂算不上好人，可也是个男人！干了二十多年公安，刀口舔血的事也有过几遭。你这样，我不服。我错在哪儿了？包二奶的官有的是，个个都比我大，也比你大，人家又怎么了。抓两个小钱花花又惹谁了，贪污犯有的是，谁不比我搂得多？我喜欢钱有什么错？钱是好东西！谁不喜欢？

长霞很平静地说，回去吧，唐堂，回去好好想想，脱下警服后该干点什么。

唐堂身子一震，嘴巴半天没合上。他的手又伸进包里，掏出的却是一把枪！黑洞洞的枪口就对着长霞的头。

任长霞，你要扒我的警服还不如打死我。现在你摞个话，放我一马成不成？成，我承你的情；不成，这屋里就是两条命。你说！

长霞气愤至极，唐堂，我告诉你，我任长霞也是枪林弹雨出生入死过来的，什么样的刀枪阵势我没见过？我怕你？我怕你这一把枪？你混蛋！你就开枪吧，我告诉你我死了是殉职，你死了也是罪犯！

唐堂的枪又往前逼近，离长霞的头只有半米的距离。他的食指在慢慢用力。

任长霞，我让你殉职，我唐堂就给你陪葬！

电闪石飞的一瞬间，长霞出手扣住了唐堂的手腕，就那么一扳一翻，手枪跌落在他们中间的办公台上，"当"的一声。

门被推开，几个民警冲进来就往唐堂身边靠。

长霞却说，你们进来干什么？出去！

民警没动。

我在和唐所长谈枪法，没事，你们出去，带上门。

长霞拿起桌上的枪，端详一阵子，塞进了抽屉。她盯着唐堂说，你的枪我缴了。还是那句话，你的警服必须脱。

所有的人都明白，这新来的女局长是动真格的了。可这动真格有多难，只有长霞自己心里清楚。上上下下，方方面面，丝丝缕缕，点点滴滴，稍稍考虑不到，麻烦就会扑面而来。却原来每个人的身后都有一张网啊。你想动他，他还想网住你呢。像唐堂那样面对面地掏出把枪对住你的倒也简单，真正可怕的是寒风已经刺骨你却仍不知风起何方。这办案已经很难，可跟办"人"一比，不过是小巫见大巫。自打下了办"人"并且是同时要"办"15个人的决心，长霞就已经做足了心理准备，原本想着只要顶住说情的送礼的就行，哪料想说情送礼不过是初级手段，真正难缠的是来自四面八方的让你心里明明白白却有口难言的麻烦和阻力。公安局到底不是不食人间烟火的关帝庙，公安局长也不是独霸一个山头呼风唤雨的绿林领袖，各个系统，各个方面，各路人马，你不理人家，人家就偏要理你！更有那一场场怪风呼啸而来，刮得你晕头转向，你却摸不透人家自哪里来，到哪里去，风力多大，风势多强。长霞多么想一上任就大张旗鼓地来一番改天换地啊，但面对这里过分复杂的人事状况，她只能选择"静"中取"动"。就像对着一条深不见底的河流，任你刮起再大的风也吹不透河底，至多不过是把水面吹皱再溅起几朵浪花。长霞想要动就从水下动，水下是根本，水上是表象，下面波涛滚滚，上面自会改变流向。

于是，她每天早晨 6 点带领民警队伍晨练，一跑就是 5 公里！

于是，她在登封电视台黄金时段作电视讲话，讲如何面向社会开门评警，广泛接受群众监督。

于是，15000 份征求意见表发向社会。

很快，查办科成立，主要负责上传下达。

很快，控申科从公安局院内迁至大门西侧临街的平房办公。平房大门临街，上访群众推门即入。

很快，局里开了职工食堂，建起了小浴室、小图书室、小健身房。

很快，她派出的暗访人员兵分数路，随时都有可能出现在任何一个派出所或巡逻点。

夜里，长霞在路边拦住一辆运煤的车，对司机说想跟车去看看徐庄乡郑庄检查站的情况。司机说那是登封跟禹州的交界处，没人管，多少年都那样。我们拉煤车都知道，没啥看的。

长霞掏出自己的证件给司机看，司机看到"局长"两个字，又看看一身便衣的长霞，二话不说就打开了车门。长霞坐进驾驶室后，顺手在车门上摸了把煤灰，对着后视镜抹在自己脸上。车至郑庄检查站，两名交警拦住这辆超载的煤车，说煤车超载要罚款，要票的罚160元，不要票的罚80元。长霞探出头说，我们拉煤也不容易，能不能少罚点。交警很不耐烦地白她一眼，少一分也不中。

司机就掏了80元钱往外递。

长霞拦住他，说，师傅，你走吧，这里以后再不会这样。

长霞跳下车，对那两名交警亮出身份，两人一下就慌了。不大工夫，局党委班子成员及检查站有关领导都到齐了。长霞当场宣布两名当值民警就地停职。

回到局里就此事又召开了党委会。经过详细调查核实和慎重研究，登封公安局对此事发出了措词严厉的通报，同时宣布三名当事民警被开除，中队长降职，指导员免职。

这种果断而严厉的处理方法，使全局干

警原本就绷得很紧的"弦"又紧了一道。但长霞还是不满意，她在全体干警大会上着重强调公安干警是为人民群众服务的，是保卫他们的安全的，所做的一切都是职责所在，绝不可以居功自傲。到老百姓家不要随便吃人家的东西，晚上 12 点以后不要随便去敲老百姓的家门，不要在街上鸣警笛和喇叭，不要在调查一些问题时对老百姓措词严厉，不要在群众中间以功臣自居……要在工作中注意自己的一举一动，要给广大群众、要给全社会留下一个好印象。

为严肃警风，她顶住各种压力清除了队伍中的 3 个害群之马，硬是把 15 名长期不上班、旷工、迟到以及参与违法违纪行为的民警开除辞退。登封市公安干警的精神面貌从此焕然一新。

除暴安良

➡ 智擒王嵩

★★★★★

　　白沙湖又名白沙水库。它位于嵩山脚下，北连颍水，南临禹州，湖水清澈，水产丰富。但美丽的白沙湖边却流传着这样一首民谣："王嵩地狱十九层，谁要进去活不成，剔骨扒皮又断筋，阎王也去学真经。"这民谣一传十，十传百，很快传遍了嵩山，传遍了登封的大街小巷。

　　这王嵩是何许人？他是什么来头？又何以有如此大的民愤？

　　其实，早年的王嵩和这白沙湖边的所有村民一样，并没有任何的"来头"，他只是一个农民的儿子，背后没有任何有力的支撑，能走到今天，他靠的全是自己，自己的胆量、智慧、执著以及手段和谋略。

　　20世纪的60年代，王家庄的一户人

家娶了亲了，添了娃了，当爹的凭着记忆中的字想给这个哭声响亮的男娃取个名字，却硬是没想起来。出得门去，一抬头看见了远处高耸的嵩山，那就叫王嵩吧。王嵩长到 10 岁就会琢磨事了，这和村里别的孩子可不一样，爹娘也就咬紧牙让他上学，等他一路念到高中已是恢复了高考的时候。可一个穷乡僻壤的学校，它的升学率又当如何计算呢? 王嵩没考上，事实上是没有一个人考上，全校当届升学率为零。王嵩哭了，他知道"中举"意味着什么，更清醒地明白不中举所代表的生活方式，那就是和爹和爷，和爹的爷，和爷的爷，和每一代祖先一模一样的日子，一模一样的光景，也一模一样的穷困。这是什么样的日子啊，王嵩不想这样活。落榜的消息传来，王嵩一个人跑到浓黑一团的山坳里放声痛哭。如果说别人骨血里关于贫穷的基因是"认"的话，那么王嵩的血液里则带着对贫穷岁月的深深恐惧。这的确是奇妙的，他是个从没走出过山地的孩子，他甚至想象不出山外边城市里的人们是怎么生活的，他也没见过任何新奇的事物，更没受过什么启发和启示，但他就是本能地不愿过这种日子，这种和爹娘和祖先一样的日子。不过这种日子又该过什么日子，他不知道，也想象不出来，但他哭过以后还是下定决心再考下去。可第二次高考王嵩又落榜了，这次他没有哭，只是默默地一坐就是半晌。高考的两次落榜，使王嵩悟出了一个道理：不管你心有多强，它终也强不过命。于是王嵩开始了和祖辈一样的日子，他娶了亲，也生了娃，也让娃去念书。但他很少笑，偶尔一笑也总是苦苦的。他实在是不甘心，他一直在等待机会。

　　一天，这里来了个广东人，广东人想把山上的石头运走，运到他开的石料厂去，从山上往山下背石头，每100斤他给5毛钱。王嵩和弟弟王柏以及村里的小伙子都去了。大伙都是背石头下山、过秤、拿钱、走人。王嵩不是。他总是帮广东人把石头搬上货车，待车到石料厂卸下石头，再走回村。干了一个月，广东人递给他50块钱。王嵩没接，他说让我来厂干活吧。又过了一些日子，他对广东人说，你不如让我来干，你回广东接货，我保证你挣的比现在多还能天天在家钻热被窝。于是，王嵩顺利地接下了广东人的石料厂。就这样，几年下来，王嵩已是王家庄首屈一指的大户。但他并不满足，他给自己的定位是"大人物"，他要用金钱来买"地位"，只有地位才是这人世间最为可贵的东西，就像他王嵩，不管兜里揣了多厚的票子，可他见了乡长书记都得自动矮下去，因为人家一句话就能端了自己的底儿。别看在王家庄可以说一不二，可他到了乡里、县里又算个什么东西，随便哪个机关的小科员都能斜着眼把他训斥几句，而他是绝不敢出声的，不仅不出声，还得陪笑脸，哪个厂子不得和机关打交道啊。归根到底，是因为人家有地位，钱这东西和地位一比，立马是贱到泥里矮三分哪。经过一段时间的分析和思考，农民企业家王嵩决定向"地位"进军。一方面他给村里铺路修桥建学堂还捐钱养老人，另一方面他开始隔三岔五地去宴请村长、支书甚至乡长、书记。好处是显而易见的。此时王嵩的头上已高悬上了"优秀企业家"的光环。为了尽快拥有"地位"，王嵩又把目光投向了波光浩渺的白沙湖。他"包"下了白沙湖，成立了水产公司，又计划着临湖建造嵩颍山庄，他就要惊天动地地成就一番大业了。可这年头要干大业，没有一双双有力的臂膀托你一把又谈何容易。有力的臂膀是什么? 那就是挂着官印的臂膀! 如何能让这些臂膀为自己开道? 那得让这些臂膀的主人高兴! 怎么才能让他们高兴? 说到底还是钱和女人! 钱和女人该怎样呈上最好? 一定得是独一无二的方式! 什么样的方式叫做独一无二? 那就是得跟所有的人用过的所有的手法不一样! 怎么才能不一样? 白沙湖!!

好一片白沙湖。好一片波光渺渺、美丽富饶的白沙湖! 这一片水连天色的白沙湖必将成为他王嵩生命中的"福星"! 一个波澜壮阔的构想就此在王嵩睿智的脑海中诞生。构想中是一红一白两艘巨船，红船是多情的女人，白船是直来直去的金钱，就把女人和金钱安置在白沙湖上，远远望去只一片灯火灿烂的香艳，就能让那些个臂膀的主人心跳加速血脉贲张。唉，红船、白船，女人、金钱，红船载满女色，白船承载金钱，就在这独一无二的白沙湖上让他们玩得开心乐得彻底，就让他们伴着白沙湖瑰丽的晨曦和晚霞玩吧乐吧赌吧嫖吧笑吧……

王嵩先笑了。这个构想让他充满自信，也充满胜利者那种不可一世的骄傲。除了手中的资金和变卖石料厂所得，他还需要贷款，只有贷款才能建造红、白二船和嵩颖避暑山庄。跑贷款的过程有些艰难也有些曲折，但都被王嵩以百折不挠的精神和战无不胜的手段——克服。于是，他的嵩颖山庄开始建造，他的红、白二船很快也在白沙湖上巍然屹立了。

嵩颖山庄及红白二船确实给王嵩带来了实惠，王嵩的名声越发地响亮，先是当上了劳模，接着又当上了市政协委员、镇人大代表。

王嵩膨胀了。他陆续从沿海城市乃至国内外购进大量较为珍贵的鱼苗投入湖中。21平方公里的白沙湖水产丰富水质地道，这样一片"活"水域遍布水产品也充满着灵性的。这些鱼苗可以很快长成，可以卖到大城市的水产市场，可以卖上好价钱。只要有了钱，还有什么是干不成的呢！由于湖水水质好、水草丰盛，几乎不用投放饲料，鱼儿就可以长出一身自然结实的"天然膘"。为保护鱼儿，王嵩先是雇用了一批保安人员负责巡逻湖面，但嫌威力不够，他又挑选了一些沾亲带故的亲戚，还从社会上专门招募了几个刑满释放人员组成了保安巡逻队。王嵩给巡逻队"精英"们训话时说，这湖我既"包"下了，它就姓"王"，这湖里的一鱼一虾一草就连每一滴水它都姓"王"。你们给我放眼看放手干，让这湖四周的刁民都给我知道这白沙湖它到底姓不姓"王"。

刑满释放人员原本就是些心狠手辣、嗜血如命的人物，自家亲戚当然更是忠心耿耿唯王氏家族领袖之命是从。于是，他们个个手持猎枪、警棍甚至还带着手铐，整日里驾驶着快艇在湖上巡逻。只要发现有人在湖边钓鱼捞虾，他们冲上去就是一顿暴打，打得你皮开肉绽头破血流，这还不算，还得让你交足罚款才能走人。一次，两次，三次四次……他们的胆子越干越大，渐渐地发展到哪个村民敢沾一下湖水，就会招致枪击刀劈！

——1996 年 4 月 30 日，村民赵苟旦在自家玉米地里干完活，到湖边洗手，他没有看到湖面上越驶越近的快艇。他的手刚伸到水里，耳边一声炸响，他拔腿就跑，拼了命地跑，可他到底没跑过王嵩手下打手射出的子弹，他惨叫着跌倒在血泊中……

——1997 年 7 月 21 日傍晚，苍阳如血，映得白沙湖面一片血色荡漾。庙庆村村民冯长庚和另两个在煤窑挖煤的同伴儿劳作一天，满身污黑，他们想到湖里洗个澡，可又害怕快艇上的打手，仔细看过了，水面上什么也没有，这才轻声嘀咕着下到水里，湖水好凉啊，他们洗得很痛快。突然，身后的玉米地里猛地窜出几个打手，打手狞笑着逼近，冯长庚忙喊别打别打，我们是洗澡……打手骂了一句，又是他娘的偷鱼的，挥刀就砍。冯长庚被砍倒在地，一个同伴腿上被扎了一刀，另一个同伴儿见势不好，渡水逃命去了。可怜的冯长庚被几个打手团团围住，他们挥着刀举着棒拿着匕首，对着他打啊砸啊刺啊……他的手被匕首穿透，手腕被木棒砸断，肋骨被砍断了五根，他全身上下没有一块好皮肉……当他醒来时，已是 23 个小时之后的次日下午，他被关押在水产公司的"拘禁室"里。家里早已接到"指示"，儿子到水产公司"奉命"交了 2000 元的"释放费"才被准许把血肉模糊的爹背回家去……

——1998 年 1 月 18 日，村民侯小伟和就快娶进门的未婚妻在白沙湖边聊天，未婚夫妻的话又密又稠，时不时地还夹杂着几声轻笑。他们不知道命中的魔鬼已渐渐接近。一声暴喝，几个打手扑了上来，他们恶狠狠地打，恶狠狠地踢，还恶狠狠地笑着骂着，侯小伟苦苦哀求他们不要打未婚妻，他们抬腿就是一脚。打累了，他们又把侯小伟和未婚妻用手铐铐在一起拖到快艇上。快艇突突地发出一声巨响，快艇翻沉了！打手四下逃散，被铐在一起的侯小伟和未婚妻在挣扎着，在下沉着……

——水岭村村民王红军和伙伴们一起到小河沟里捞河虾，他们不幸被王嵩的打手看见。打手挥刀就扎，一刀就刺穿了王红军的左肾。王红军捂着腰倒下，打手又在他的右腿上狠砍了两刀，才不慌不忙地离去。浑身是血的王红军就那么仰面躺着……

……

赵苟旦死了。

侯小伟和未婚妻死了……

冯长庚经抢救保住性命却落了残疾。

王红军一被送进医院就输了 3600CC 的鲜血。命是保住了，身上的创伤却将折磨他一生……

一桩桩暴行，一条条人命，一束束飞溅的血色，白沙湖岸边罪恶累累。短短几年间，王嵩的打手先后殴打群众 117 人，致使 107 人轻伤、5 人重伤、7 人丧命！白沙湖成了百姓心中的恐怖之湖、死亡之湖。白沙湖岸边整日死一般地寂静，方圆数十里的群众再也不敢接近那条可怕的湖了。

在公安局办公大楼的接待室，长霞逐个地听完了 200 多名群众选出的 70 多名代表的检举揭发。一声声的血泪控诉，一道道刀砍棒击的伤疤，让任长霞的心一次又一次地缩紧，缩成紧紧的一团。她不敢相信不忍相信更不愿相信这一切都是真的！可她又不得不信这是真的，这一切也确实都是真的！这些事就发生在朗朗乾坤的共和国登封市内，就发生在昭昭日月的脚下的土地上，就发生在建国五十年的今天啊。

长霞把桌子拍响了。面对着这样一双双欲哭无泪的眼睛，她——刚上任不久的女公安局长任长霞，又能说些什么呢。长霞有顾虑，她不是顾虑自己该不该去碰王嵩这根高压线，而是顾虑自己顾虑登封市公安局到底能不能把王嵩一举扳倒。为避免来自各方的压力，尽快破案，她专赴郑州向上级领导作了汇报，在情况报告中逐条罗列了白沙湖百姓被王嵩一伙欺压的血泪事实，同时在请战书中拟写了详细的打黑计划。长霞的建议与上级的决心不谋而合，"打黑专案组"迅速成立。

长霞带领专案组民警走村窜户，调查取证。经过周密安排，一个智捕王嵩的计划形成了。

这天，长霞和刑侦副局长郭振英假扮夫妻，民警杨树假扮随从。他们三人一道走进了王嵩的嵩颍山庄，他们要亲自感受一下王嵩的能量，以免诱捕计划百密一疏。

进得嵩颍山庄大门，是一条笔直的路面，路面不算太宽，但两旁绿草茵茵，垂柳轻拂，很有些大庄园的意境。车在停车场停下，停车场地势稍高，正临着下面碧波万顷的白沙湖面。

长霞他们和王嵩在山庄院内相遇了。王嵩先是吩咐手下暗查长霞的车号，后又由车号查到长霞一行三人的身份。但他佯装不知，殷勤备至地把长霞一行三人请上船设宴招待，席间还分别送了贵重的礼物。

长霞和郭振英为防打草惊蛇，便一一收下了礼物。三人告辞，王嵩却坚持要他们上白船去碰碰手气。结果根本不懂赌术的长霞居然就在这条远近闻名的赌船上很快赢到了两万元现金。郭振英和杨树也各有收获。

这还不算，到他们上车时，王嵩又叫人抬来三个大筐塞进了他们的后车厢，说是河里的王八和鱼虾，叫嫂子和大哥还有杨树老弟回去尝个鲜。

目送着小车一路驶远直到没入茫茫夜色，王嵩这才疲惫地松了口气，他确信自己今晚可以睡个好觉了。

长霞意识到王嵩知道了他们的底细，决定尽快出手。

请示过郑州的上级领导，次日上午，长霞拿出王嵩的名片拨通了他的手机，她清清嗓子说，王老板，还能听出我是谁吗？

是嫂子啊。王嵩热情洋溢地，嫂子好。

王老板，都是明白人，咱们就别藏着掖着了。

哈哈哈……王嵩一阵大笑，末了，他说，任局长好。

好。长霞也笑，王老板是个爽快人，我任长霞也不是不懂人情世故。

任局长，我王嵩以后就靠你担待了。

哪里话，不用这么见外。

有时间任局长一定要再到白沙湖来散散心。

一定。王老板有什么事也不妨来局里找我。

好好好。少不了麻烦任局长。

放下电话，长霞放下心来，那头的王嵩也是立感神清气爽，心旷神怡。

接着，长霞和专案组的同志秘密研究了下一步的计划。

下午，王嵩的两个手下因打架斗殴被警察抓走。

王嵩决定以钱开路，打通关节，救出手下。长霞将计就计，约王嵩见面。

5月1日晚9时许，当王嵩的汽车驶进公安局大院时，他忽然感到有些不对劲，但到底是哪里不对劲，他又说不出来。总之心里是有些别扭，有些忐忑，还有些紧紧张张的。这个院子他来过，放眼四周也并没有什么特别的地方。拍拍皮包里那个装满现金的信封，他的心定了一些。

进了办公楼，他骤然间心跳如擂鼓，说不清为什么，他感到一种巨大的危机正扑面而来。王嵩颤颤巍巍地进了局长办公室。进门一看到长霞的神色，他的心就一路向下沉去。

王嵩不甘心就这么败在这个初来乍到的女局长手上。他掏出信封，任局长，高抬贵手。

长霞站起来，王嵩，你指使爪牙残害白沙湖百姓的时候怎么不高抬贵手？七条人命啊，你难道夜里不做噩梦？

王嵩说，任局长你要多少都行，说个数我马上给你。

王嵩，我这里只有法律! 长霞说着就拍响了桌子，早已守候在门外的专案组刑警一听拍案信号一下子扑了进来，他们飞快地按住王嵩。

王嵩的落网，加速了案件的快速侦破。此案中央、省、市领导都作了重要批示。在省委、市委和郑州市局的直接指挥下，登封警方火速行动，短短两个月，王嵩特大涉黑团伙除王柏畏罪自杀，其余 65 人全部落网。

→ 开门办案

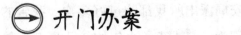

为把控申工作落到实处，长霞抽调了20 余名民警成立了"控申专案组"，把控申工作查处信访积案作为一项"民心工程"纳入工作的整体目标。为更直接地倾听群众呼声，她把每周的星期六定为局长接待

日。

2001年7月19日，嵩山的炎夏蝉声聒噪、热浪滚滚，肥厚的云朵将碧蓝如洗的天空映衬得高且辽阔。

这是任长霞局长的首个接访日。登封市公安局门口，聚满了上访的老百姓。他们坐着拖拉机、农用三轮车甚至是步行着走了30多公里的山路来到这里，他们要见到她，要把心里的冤屈苦水一样样倒给她，他们相信她会给自己主持公道。她一定会的，她连王嵩那样碰不得的人物都能办，那她一定也能把自己这些年来受的冤屈给平了伸了。

接待厅很宽敞，百多号人都坐下了，长霞面对大家坐在正中的主席台上。她让坐在第一排的一个蓬头垢面的老妇女先说。

老妇女站起来说，局长，我是咱登封的老上访户陈秀英，公安局派出所我都跑过好多次。我告的是我家邻居刘占遂。就因为一点小事，去年的9月16日中午，他把我和儿子打得皮开肉绽，他把我的头打了两个大窟窿。我看病整整花了一万九，后来没钱了，就到中岳庙派出所去告，结果人家不管哪。后来又来公安局，第一次把材料交给控申科了，可回去等不着信，我又来了，结果人家门卫连大门都没让我进……局长，我们娘俩平白无故地让人打成这样，你们公安局就真的不管也不问……

长霞站起来走到老妇女跟前，她想都没想就把手插到老妇女又黏又脏的头发里摸起来，摸着摸着，她就说，咦，这么大的两个坑。咋打成这样! 人呢?

跑了, 老妇女大哭说。

抓人! 长霞说, 老陈, 我向你保证我们公安局负责抓人。你也打听着点那个刘占遂到底跑到哪儿了。我们一定抓。

老妇女泣不成声, 长霞从兜里掏出些零钱递到老妇女手上, 你上街吃点东西, 回家去等吧。

老妇女一步一哭地走了。又有两个老妇女大哭着跪倒在长霞脚下, 长霞一左一右把她们扶起来, 坐好, 自己也坐下了。

两个老妇女抽泣着说着, 她们是君召乡的, 她们俩的女儿都被人强奸后杀死了, 杀人的日期是 1990 年 9 月 8 日晚上。那天晚上, 她们那花朵一样的闺女说出去玩一会儿就回家, 可等啊等, 这两家人却再也没等回闺女。闺女叫坏人强奸了又杀死了, 两家人恨死了那个凶手。可很长时间过去, 不知道啥原因, 这案子一直没破。为给女儿伸冤, 两家人到处上访, 尤其是那个叫韩素贞的妇女, 她在登封城已经很出名了。她这些年上上下下地跑了上百次, 从登封跑到郑州, 从郑州跑到北京, 殷殷实实的家境跑败了, 她的满头黑发也全跑白了。可杀她女儿的凶手一直没抓住……

局长啊，我求求你，给我女儿伸冤报仇啊！她死的时候才 18 岁呀，要是她不死，现在她该是 29 岁也该是个当妻当娘的人了……韩素贞又跪到地上，当当地给长霞磕着头。长霞赶快拉起她。长霞哭了，满脸都叫眼泪打湿了，她清清嗓子说，这事我管，这个积案我们局早已列入侦破计划。就是案发那天夜里下大雨，很多线索叫雨给冲了。这中间又过了11 年，大娘，我们也有难度啊……

两个老妇女一人抱住长霞的一条腿放声痛哭，一边哭一边磕头。长霞蹲下来拽起她们，也是泣不成声。过了一会儿，长霞说，大娘，你们回去吧，我保证破这个案子抓回凶手还你女儿公道。

两个老妇女走了，长霞就在她们的材料上很快批了字。然后她让下一位来说。

这回是个老头儿，穿的衣服比叫花子强不了多少，脚上的布鞋张着嘴。他说他家原也光景不赖，光是绵羊就养了 60 多只，卖了羊有了钱，儿子就在镇上开了个饭店，还从郑州找了个掌勺的，那一段的日子红火哟，全家人每天都是心里烧着欢腾腾的火苗哩。可自打镇上的领导看中了这个饭店，饭店就遭了殃了，三天两头来吃，点的都是一般人不敢点的贵菜，吃完了从不给钱抹抹嘴就走，儿子怕收不来钱，就每回都让他们签个字。他们也签了。过年前去要钱，一分也没要回来。全家人一商量就把饭店给关了，赔不起呀。谁知道自己的饭店自己却连关门都不中，领导叫人来传话，饭店不能关，赔死也不能关，要不就把全家人都关起来。儿子不信邪，坚持没开门。谁知道不到十天，两个孙子就叫学校给撵回来了，不让上学了。老伴和儿子不服去镇上评理，还真叫他们给关起来了。一关就是十天，最后还是交了5000块罚款才把人领走。按说给了5000块钱该完事了吧，还是不中啊，镇领导又派人来收饭店的关门费，说是不交就还要抓人哩……

长霞的两道柳眉立起来了，她说，大爷你就在这儿等着，我叫你那个镇的派出所所长立即过来，把情况弄清楚，如果镇上确实对你儿子非法拘禁了，我马上处理。

就这样，长霞处理了一件又一件。有媳妇告丈夫实施家庭暴力的，有母亲告儿子不孝的。还有村民告村长欺男霸女的。

接着是两个村干部来告派出所的，他们说派出所整天来村里抓赌，村民们闲来没事爱在田间地头打个小牌，有时赌个3毛5毛，有时输赢也就是几颗水果糖，可派出所一抓住就罚，一罚就是500块钱，弄得村子里人心惶惶的，自家兄弟在屋里玩个牌还得叫小孩在门口看着，一见穿警服的就赶紧报信，弄得跟当年"鬼子进村"一样。

长霞说，立即把那个派出所所长叫来。

再接着是因为宅基地闹纠纷打伤人的、耕牛丢了找不回的、邻里矛盾大打出手的、几只鸭被人毒死的……

长霞站起来了，她泣不成声地说，乡亲们哪，我们也难哪，我们警力太不足了，我求大家可怜可怜我们干警吧……

她的话音未落，坐在一旁的十几个民警都哭了起来，他们望着一脸热泪的长霞再也忍不住，都哭出了声。这一下，满大厅的百姓也是哭声一片，哭成了一团。长霞一只手撑在脑门上，两只肩膀一耸一耸地抽泣着，这情景，任你是个铁人也会忍不住落泪的。一时间，局长、民警、老百姓放声齐哭，整个大厅里回荡的是一阵又一阵的哭声，哭声震天哪！

哭罢擦擦眼泪，长霞叫下面继续。就又有人上前说了。已经是下午四点了，长霞硬是坐了八个钟头呀。除了中午一点来钟她接过民警递过来的一个烧饼边啃边听，她是连碗稀汤都没顾上喝。

长霞听着听着又把手伸兜里去了，那个坐在她跟前的老妇女一下子就抱住了她的胳膊。老妇女说，局长啊，你可别再给我钱了，你也是个上有老下有小的人哩。闺女啊，我叫你一声闺女行不行？

长霞笑了，又哭了。她说，大娘你叫吧，就叫我闺女吧，我爱听你叫。

老妇女就从筐里摸出俩菜馍塞到女局长手上，闺女啊，你吃两口大娘蒸的菜馍吧，你这一天就啃了半个干烧饼，大娘心里疼哩。闺女，你吃吧。

长霞捧了两个菜馍搁在桌上，她说，大娘，你的菜馍我留下，我夜里再吃，你看这么多乡亲都是大老远来的，我得先听他们说啊。

大厅里比早上那阵空多了，女局长八个钟头下来至少也处理了五六十人的事了。看到那两个菜馍，这剩下的人就都后悔了，后悔自己咋就没把那地里新鲜的瓜果给这好人捎来让她也尝个鲜啊。自己这光是坐着听坐着看，已经累得不轻了，那女局长可是又听又看又说又问又签字又办事，她这一天可累坏了啊。

长霞一个接一个地听，一个接一个地问，一个接一个地批示，问到悲苦处，她又一个一个地陪着掉眼泪。挂钟已指向晚上九点了，她又看看大厅里仍坐了一大片的上访百姓。她一张嘴就哭出声来了，她说，乡亲们哪，咱们登封为啥有这么多事啊，我啥时候才能把这地方治好啊……

下面就有人说了，说，局长啊，你办不成大家也不怪你啊。

长霞说老百姓过日子，只要没有冤屈就知足了。要是连这一点都做不到，我还在这里干啥呀。

　　十一点了，剩下的人不多了，长霞让有命案的有重大冤情的先过来说，其他的可以把材料放下。人是都走了，长霞也站起来捶着腰往外走，这时，一个老大爷扑上前去，局长啊。长霞回过身，哎哟，老大爷，你咋一个人待在那角落里呀，你有啥事？坐吧。

　　长霞就又坐下了，她给老大爷递了一杯水。她说，大爷，说吧，啥事？

　　老大爷说，他要告乡里的计生干部，他们抓超生，老百姓都理解，可他们不该搞株连，他们开始是把三户编一个号，三户当中哪家超生了，另两家都得跟着受罚。自己家去年就被罚了一次，也想告，可一想也不算太大的事就算了。哪想到他们今年又变了招，他们不编号了，他们改成扔棒槌。哪家超生了，他们就站在那户人家门口，手里拿着一根棒槌往前扔，棒槌扔过几户就罚几户。自己家今年已经被棒槌扔过三次门了，每次都得交罚款哪。这不是明着欺负人吗。说着说着，就忍不住又哭起来。

　　临走时，长霞对大爷说，你这事我管。他们这样是犯法。我一定给你个说法。她又问，大爷，天这么晚了你咋回去，我叫人送送你吧。

　　老大爷把几个煮熟的鸡蛋往长霞手里一塞扭身就跑了。

　　几个鸡蛋被攥得热乎乎的，这显然是刚才那老大爷进城的干粮呀。长霞看着桌子上的菜馍和鸡蛋，心里一阵一阵地泛酸。她拿起鸡蛋闻闻,很香,又闻闻菜馍,也很香,可就是吃不下去。从早晨 8 点到晚上 11 点,整整 15 个钟头,长霞眼哭肿了,嘴说干了,嗓子也哑了,就连整张脸都感到是麻木的,浑身上下跟抽了筋似的瘫软,一丝的力气也提不起来。可桌子上这么厚的材料,不看不成啊。这些都是老百姓的事,在长霞看来,老百姓的事比什么都重要。

据不完全统计,长霞上任后共接待群众来信 3467 人次,使 476 户上访老户罢访息诉,深受广大人民群众的拥戴。

⟶ 鱼水情深

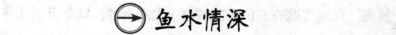

天地之间有杆秤,那秤砣是老百姓。

王嵩特大涉黑案告捷,登封公安局士气大振。登封百姓更是奔走相告,拍手称快。百姓和警察之间的关系一下子就近了,警察在他们眼中不再是身着官服的老爷，而是一个个头顶国徽的保护神。对于公安局长任长霞，百姓真心地把她当成替自己解冤情还公道的"任青天"。白沙湖畔登封、禹州两市的近千名百姓自发组织起来，他们敲着锣打着鼓抬着镜匾放着鞭炮，浩浩荡荡地拥进了公安局大院。

镜匾上是两行字：

　　打黑除恶逞英豪

　　巾帼英雄万民颂

他们的脸仍是尘土满面，风尘仆仆，他们的眼中仍是饱含着虔诚渴盼的热泪，只是那泪水不再为冤屈怨恨而流，而是因着感激，因着无以为报的感激而一滴滴落下。见到长霞，他们的泪流得更欢了，有的老人一边高喊着"任青天"一边就磕起头来。

长霞心中一阵阵地翻滚着热浪，这热浪灼得她心发痛眼发潮，面对着跪在自己面前的这一大片百姓，她是万语千言无从开口。她也感激也感动但更多的却是感伤，一股混合了酸楚和悲凉的感伤之情火一样在她胸中燃烧，烧得她心疼眼热双膝发软。一张口却是热泪滚滚而下，她伸手扶起一个老人，扶起一个妇女，又扶起一个，又一个……

她心里思绪翻腾，她想该跪的是我，是我们，而不是这些无辜善良的百姓啊。他们挨了打，受了害，死了亲人，遭了冤屈，然后他们一年年一次次地奔波上访，哭着跪着来求一个公道，可他们求不到，他们只能回去卖猪、卖牛、卖房子换一点钱再出来哭再出来跪……他们为什么要跪啊，他们要的那个"公道"原本就该是属于他们自己的啊。他们几千年来劳作着耕耘着，野草一样默默生长在最底层的土地上，他们以血以泪以汗水滋养着一个又一个王朝一代又一代官僚。他们被自己所滋养的对象奴役、践踏、盘剥着，他们也就那么心甘情愿地承受着、忍耐着，因为一家老少到底还能剩下口吃的到底还能活着，只要有口饭吃有片瓦遮身，他们就能活、就能过、就能熬、就能忍下去。受了冤了、遭了屈了他们揣着卖粮卖牛的血汗钱，哭着喊着跪倒在他们用血肉养活着的老爷跟前来要一个公道。他们不敢站着啊，因为他们的权力、财富乃至生命全都捏在老爷们的手中，一个一无所有的人，他又凭什么站着呢。他们只能跪着，只能一代又一代地跪着，跪在由他们真正主宰着浮沉的土地上，跪在一直吸食着他们血肉的衙门前，他们跪过一轮轮世道，跪过一代代王朝，他们的膝盖跪沉土地，跪倒王朝，跪翻世道。他们直跪到1949年的秋天，当天安门城楼上那个伟人的声音响彻环球时，他们才真的做了主了，才真的站起来了。可到底是几千年的跪啊，他们对"主人"的角色是新奇而陌生的，他们欢喜着也惶恐着，他们振奋着也陌生着。他们以无比的虔诚迎接着新时代的辉煌，他们以最质朴的情感承受着运动和饥饿，他们被斗倒了，斗死了，他们被饿昏了，饿死了，但他们不怨也不恨，只因为他们相信共产党的天下是自己的！是啊，自己的天下，挨饿挨斗受穷都不算什么，到底几千年来没有一个声音说过他们是主人，主人哪！世道的主人哪！多尊贵的称呼啊，于是他们扎紧腰带把粮食运到城市，于是他们含着热泪把自己的儿子丈夫送到枪林弹雨的前线，于是他们忍受着饥饿把家里的锅碗砸烂去炼钢炼铁，于是他们依依不舍地把牛羊牵到生产队的牲圈……他们不怨啊，为自己的天下流血流泪那不算啥；他们甘愿啊，为自己的世道忍饥挨饿、砸锅砸铁那也不算啥。他们要的只是一种情，只是一份心哪，一种你中有我我中有你的鱼水情，一份相濡以沫相互体恤的真诚心哪。他们多想就那么一直站立啊，站着才有尊严。才有主人的尊严啊。可他们站不住了。家被砸了，人被杀了，他们就满怀悲愤地跑来诉说了，他们想着这自己的天下哪能让自己受屈，他们相信自己的政府会给自己撑腰做主，可他们的一次次哭诉又有谁听了问了管了，他们的满腹血仇又有谁给他们伸了平了报了，他们迷茫，他们委屈，他们失望，他们绝望，最终他们就又跪下了。他们又跪下了！可他们不该啊！这原本就是他们的天下，他们的世道啊。让他们下跪的人，那是罪人，是败类啊。让他们下跪，那是失职，是罪过啊……

长霞扶起一个又一个，她默默地扶着什么也没说，直到他们一声声地喊着"任青天"，她才忍不住说话了。她说大家不要再这么喊了，我受不住啊。我任长霞不是什么青天大老爷，我是共产党的干部，公安局的局长，这个案子不是我个人办的，是公安局上上下下齐心协力才这么快的时间就办完的。你们叫我任青天，这是打我的脸哩。今天你们敲锣打鼓地来了，来了我们高兴，说明大家对我们公安局是信任的。可你们不该跪啊，你们谁也不该，谁也不欠，你们不该跪啊，别跪了，别再跪了……

　　她的眼睛在人群中寻找着，她走上前紧紧握住那老人的双手，大爷，你的咳嗽好了没有？上次给你的药管不管用？老人极力想抽出满是污垢的手，长霞却不肯松，她说大爷，你别这样，我也是农村长大的孩子，我不嫌。老人哽咽着，闺女啊，你咋这么好啊。我一个老农不值得你这样啊……

　　长霞抹把泪，把村民代表冯长庚叫到跟前问，老冯，像这位大爷这样家里没有劳力的乡亲有多少？还有像你这样让打成残疾不能干重活的有哪些？你大致统计一下，我礼拜天安排民警去给你们收麦去。

冯长庚愣住了，他想了想说，任局长，我们的麦子都收完了。长霞遗憾地说，这么快就收了，是我没想周全，以后你们有什么困难就跟我说一声，别见外。

冯长庚眼噙热泪连连点头，这个一辈子没撒过谎的农民终于说出了一句令自己满意的谎话，而欺骗的对象则是他和乡亲们深深记挂着的公安局长。

➔ 彻查积案

★★★★★

公安公安，就是心中只有"公"，人民才能"安"。

——任长霞

积案不破，老百姓的心就不能安。

西岭万羊岗强奸杀人案，已经成了压在长霞心头的一块石头。从 1991 年到 2000 年 9 月，这里发生暴力、强奸、杀人案 26 起，其中 4 人被奸后杀害。西岭万羊岗在登封人心中已成了"色狼岗"。长霞上任后把这案子的案卷都调来细看了，她看着那一个个遇害女子的遗容，心里一次次地发誓要破了此案，要把那个杀人魔头缉拿归案，要让受害人在九泉之下合上双眼。她针对此案成立了五人专案组，并和两名女侦查员轮流换上从地摊买来的土气衣服，装扮成农村妇女的样子顶着酷暑在这个恐怖地带转悠了将近三个月。她是想用自己这个"饵子"把那个色狼引出来。万羊岗地处荒坡，距烈士陵园和公墓很近，四周怪石耸立，一棵棵大树就那么立在空荡荡的土坡上。每到刮风下雨天，这里是一脸黄土一腿泥。经过艰苦的深入调查和蹲坑守候，终于锁定了目标。

万羊岗不同往日了，有一种山雨欲来风满楼的气氛，一身道服的采药人王少峰近日没敢再来这一带。表面看来，他是一个勤快寡言的砍柴人，每天都背着斧子和板镰上山砍柴采药，再把柴背到莲花寺里，供僧尼们做饭做菜取暖用，药挖得多了，他会送到附近乡镇和登封、禹州去卖。他似乎就是以此为生的。这个身着道服经常在寺庙里烧香诵经的砍柴人，似乎活得很洒脱，也很有禅意，就连寺院里的出家人和许多的善男信女也都非常真诚地认为，他是一个心地善良的人。

但是，所有的人都错了。没有人想到，砍柴人王少峰就是万羊岗那条无恶不作的色狼。

1991 年的一个黄昏，采药回来的王少峰坐在万羊岗的荒坡上休息，一对姓王的姐妹走进他的视线。说不清为什么，王少峰飞身上前拦住了王氏姐妹的去向。他把她们绑起来发泄兽欲。之后，由于害怕被告发，就把她们杀害了。一次奸杀两人，王少峰也很后怕，他度日如年地挨着时日，生怕警察找上门来，结果却一直风平浪静，王少峰就有了再次作案的冲动。

1997年5月的一个凌晨，王庄村一个14岁的少女在万羊岗等同学，王少峰狞笑着扑上去把少女拖进路边的麦田，他疯狂地撕扯着少女的衣服……施暴后的王少峰看着瑟瑟发抖的少女，他慢慢抓起一块石头，猛地砸在少女的头上。含苞待放的少女就这样悲惨地死去……

王少峰胆子越来越大，作案的间隔时间也由过去的六年发展到四个月。万羊岗时有惨案发生，背着药篓的王少峰每当走过这里，就会习惯性地四下张望，看看有没有单独赶路的年轻女子，那将是他的下一个目标……

王少峰兴冲冲地走着，背上的药篓已经满了，明天或许可以到禹州去赶集卖药，也是一笔不小的收入呢。就快到寺院了，王少峰猛然看到了一双眼睛，一双泛着寒气的眼睛，他下意识地伸手去抓药篓里的斧子，乍然间耳旁一声暴喝，脑门上已被顶上黑洞洞的枪口。

瘫倒在地的王少峰就那么定定地盯着那双眼睛，似被慑住了魂魄。那双眼睛的主人一步步走近，是一个三十多岁的女人，女人站定了，对着他说出两个字：该杀。

女人挥挥手，对着那几个手里拿着枪的男人说，把这条狼带走。

是，局长。男人响亮地应着。

1990年君召乡奸杀案，案发当夜是一场暴雨，把一切证据冲了个干干净净。11年过去了，再怎么努力也难找到当年的线索。要破这样的案子，除非是发生奇迹。正在长霞感到茫然没有头绪的时候，"奇迹"终于发生了——君召乡的一位老农打来电话提供了线索。

原来这个老农在1990年9月8日案发后一段日子的一个晚上，曾跟乡里一个挖煤的在一块喝酒，酒过三巡，两人俱是胡话连篇，你一句我一句对着吹起来。吹着吹着就越发地无边无沿了。一个说自己胆子大天不怕地不怕，另一个就说自己胆更大连杀人都不怕；一个说杀人可是大事儿，那公安局可不是逮不住耗子的猫，另一个就说，我又奸又杀两条人命，那公安局他不是没拿我咋样。一个当时就吓得醒了酒，另一个则摇摇晃晃地哼着小曲回家了。俗话说："干事没有藏事难。"在以后的岁月里，这知道了秘密的老农是怕得要死，他怕那天的酒话是真的，更怕那在酒桌上对自己露了底的同乡哪一天忽然想起来再把自己也杀了。他也想过去告，可又怕万一人家是瞎说的酒话，如果自己把公安局给蒙了那还了得！不是有条罪就叫"诬陷罪"吗，自己要犯了这罪还得坐牢吧。坐牢不说，以后在乡里怕是名声也臭了……就这么思来想去，再加上后来看警察也不常来了，他就决定把那天酒桌上的话给沤烂到肚子里，一辈子也不提。11年过去了，没想到自己也受了屈要去上访，更没想到接待自己的任局长当时就把问题解决了。这几天乡里又来了警察，追的还是1990年那案子，联想到公安局这些日子破了那么的大案，联想到他们处理了上访群众那么多的事情，他坐不住了。

长霞接到老农的报警电话，当夜立刻召集专案组刑警开会，布置抓捕方案。

次日，1990年"9·8"君召乡奸杀案犯罪嫌疑人赵振意落网。

君召乡1990年的奸杀案终于告破了。长霞整整兴奋了半天，这案子破得好"险"哪。如果不是那老农肯提供线索，这案子只怕要一直"积"下去了。那线索太宝贵了，那几句11年前的酒话成了今天破案唯一的一把"钥匙"，这是长霞没想到的。她只是觉得"险"，实在太"险"，那老农可是把话搁到肚子里憋了11年哪。如果不是控申科工作抓得好，及时解决了他和许多群众上访的问题，如果不是一连破了这么多的大案要案，让他感到公安局可以信任，那他又怎么会把肚子里那些憋了11年的话给掏出来呢。

在短短的几个月时间里，登封市公安局共查结1998年

以来控申积案 71 起，使多年的上访老户
息诉停访，老百姓的脸上终于见到了笑容。
她们欢天喜地地给长霞立了一块石碑，上
写：

　　　有为而威邪恶畏，
　　　为民得民万民颂。

 除恶务尽

★★★★★

"4·15" 东金店强奸焚尸案告破。

"4·18" 人质绑架案告破。

"5·18" 系列盗抢案告破。

"5·28" 冠子岭杀人案告破。

"6·9" 轮奸女教师案告破。

"7·2" 唐庄杀妻、杀子案告破。

"7·23" 劫持人质案告破。

西岭万羊岗强奸杀人案告破。

……

登封公安局战果累累。

一大批影响恶劣、群众关注的大案要案相继告破。一个个祸害百姓、以身试法的犯罪分子落入法网。登封老百姓是一传十、十传百，无不拍手称快。公安警察队伍也是工作热情空前高涨。

长霞的视线又落在了一个叫做"海渚"的地方。海渚，一个很迷人很奇妙的名字。渚者，水中间的小块陆地；海渚，在许久许久以前，也许就是那汪洋大海中的一方孤岛吧。没有人知道这个名字的来历，但它一直就那么叫着，叫过了一代又一代人。它是一个村庄，一个非常非常平凡的村庄，平凡得除了名字之外，没有任何一处可以令人多看两眼的景致。它和中原大地所有的村庄一样，有着纵横交错的农家小院和稠密的人群，农家院里除了农具，还会有一两棵正在吐青的果树和卧在树边的黄狗。它又和所有的村庄不一样，它没有田园特有的沉静和安详，它的气氛常常是悸动烦躁的，甚至是令人惶恐不安的。即使在日落黄昏的一缕缕炊烟笼罩下，它也常常是沉默着的，没有农夫的调侃声，也没有农妇追鸡撵狗的叱责声，就连一只只花的黄的看门狗也都是甚少吠叫的。这样的沉默是令人压抑甚至是窒息的，这样的沉默使得它不像一个有着"海渚"这样美丽名字的村庄，而像一座沉睡着的死城。

它的沉默是从 1995 年开始的，它的沉默是由于一个叫做"砍刀帮"的团伙。

"砍刀帮"形成于1995年，海渚村的李兴建是帮主，他自称手下的团伙是"青红帮"。由于他们作案时大多使用砍刀，百姓就称他们为"砍刀帮"。"砍刀帮"的骨干人员除本地人，还有来自汝州、洛阳、伊川等地的不法之徒。7年来，"砍刀帮"共作案72起，盗销汽车8辆、摩托车上百辆，受害群众100多人。"砍刀帮"犯下了抢劫、强奸、盗窃、故意伤害、寻衅滋事、敲诈勒索、聚众斗殴、私设地下法庭、放高利贷、向企业强收保护费等多种罪行。"砍刀帮"组织严密，计划周详，有组织、有领导、有活动经费，并配发凶器，属于带有黑社会性质的犯罪团伙。

——1997年，"砍刀帮"主要成员孙辰华公然带着自制的炸药包到登封市区将他所谓仇人的大门炸得粉碎。

——1999年7月，"砍刀帮"骨干人员冯学正将某饭店服务员杨姑娘骗到车上，在车上强奸。

——1999年，"砍刀帮"骨干人员欧阳成多次威逼贷其高息款无力偿还的村民谢某，致使谢某跳井自杀。

——1997年7月，李兴建率"砍刀帮"为某村所雇，为其讨要提留款及公余粮，村民稍有不从就被暴打，打手们还抢走了村民的拖拉机、电视机等物品。

——2000年4月，李兴建拦住一辆中巴车要钱，司机不从，李兴建挥刀就将司机胳膊砍断。

由于石道、君召两乡的南部山区地处豫西煤田之中，这里大小煤矿建了很多，李兴建一伙盯住了煤矿这块肥肉，每年强行向企业收取保护费，各企业无不照月缴"费"。

……

罪恶累累，罄竹难书。群众中暗传着这样一首民谣：海渚砍刀帮，一窝活阎王；逼粮又逼债，强奸大姑娘；催要高利贷，逼人跳井亡；抢劫又盗窃，拦路把人伤；收取保护费，企业遭祸殃……

朗朗乾坤，岂容歹徒如此作恶。长霞召开会议，研究对策，决定乔装改扮，深入村庄，打开沉默，彻底挖掉这个毒瘤。

这天，村里来了一个收兔毛的女人，这女人梳着齐耳短发，左手提一杆小秤，右手提着一个透明塑料袋，塑料袋里装着她刚收到的半袋兔毛，嘴里喊着"收兔毛了"进了村。刚一进村就碰见了七十多岁的崔奶奶。崔奶奶请女人进了院，打开兔笼说，我这几只兔子早该剪毛了，可我眼花看不清，老怕把兔子剪流血。女人就说我帮你剪。崔奶奶说，我以前没见过你，你是第一次来海渚？女人边帮崔奶奶剪着兔毛边跟崔奶奶聊起了家常。女人问崔奶奶，大娘，我来了几次，觉得咱海渚村和别的地方不一样，好像老百姓都很害怕什么人似的。崔奶奶的脸立马变了色，忙起身把大门关严，她说，你来这儿收兔毛可以，可不敢乱问乱说，要不你会惹祸上身的。幸亏你是问我，要是问到那些人，今天你非叫打个半死不可。你以后可不敢在海渚村乱问了，另外你下次再来结几个伴，别自己在这儿走来走去的，咱这地方……唉，你快走吧，趁着天没黑快走吧。

女人又敲开了一个小院。这是一个长方形的院子，院中的桃树已吐出星星点点的新绿，树下几只鸭子在呱呱觅食。女主人说我们家没兔子，你到别家收吧。女人就说我讨碗水喝行不行。女主人就让她在院里的石墩上坐下，自己去厨房舀出来一大碗水。女人喝着水，直夸女主人院里收拾得真齐整，鸭子也喂得肥，女主人一高兴就与女人聊了起来。女人又指着院角的摩托车说，大姐的家境真好呀。女主人说现在家境稍好了，前两年因为孩子他爹那场病，不光把个家底折腾光了，还借了债。女人问，他得的是啥病呀？女主人脸色就紧了，女人说，大姐，他是不是叫人砍伤的？女主人忙站起身，急步走到门口拉开大门探出头去四下看看，她对女人说，你快走吧，叫人听见你就走不了了。以后来海渚可不敢再乱说了。

女人又在村里转悠了一会儿，眼看着天黑透了，她疾步来到一户院门外敲响了大门，这是陈山章的家。

1995年的一个下午，陈山章和自己的弟弟陈辰章正在自家耕地忙活，远远看见同村的李兴建带着几个人朝自己走来。陈辰章说他来干啥，咱俩可别冲撞他，他是越来越厉害了。陈山章说咱又没惹过他，没事的。说话间李兴建已经到了，李兴建倒也客气，先和二人打了招呼，接着就说我姑姑过世了，我找风水先生看过了，你这块地就给我姑当墓地吧。陈山章陪着笑说，那哪中啊，你是六组，我是三组，咱俩隔了几里地哩。李兴建眼睛一瞪，别瞎述扯了，你说一句话，到底让不让我姑在这儿下葬。陈山章说，你看你别恼啊，咱慢慢说中不中，我这地……别扯淡，你到底让不让地？李兴建不耐烦地问。陈山章回了一句，这是我的地。李兴建说你这是找死。他一挥手，他身后的几个人立刻从腰里抽出长刀，骂骂咧咧地向陈家兄弟砍来。陈辰章身中两刀，他惨叫着边跑边喊救命。陈山章被他们两刀劈倒在地，他紧紧抱住头，他们就挥刀朝他的脊背和腿上砍去……陈山章身中七刀，刀刀见骨。陈山章被家人抬到医院时，浑身上下血肉模糊，皮肉和衣服粘在一起，剥都剥不下来。陈山章为治病花光了家里的积蓄，伤势稍好他就去乡里上告了。他没想到李兴建在得到他去乡里的消息后，立刻带着手下挥刀追来，他们就在乡政府的大院里将陈山章追得东奔西逃，无处可躲。如果不是他拼了命地跑，怕是又得挨上几刀了。那是光天化日下的政府大院啊，他们就敢那么挥着刀横冲直撞。看来乡里是治不了他们的。陈家兄弟开始了长达三年之久的告状历程。他们在登封告，告不倒；去郑州告，告不倒；去省里告，还是告不倒。材料是被留下了，可回到村里望穿秋水地盼，就是盼不来响着警笛的警车，盼不来挎着枪抓捕坏人的警察。三年啊，他们是倾家荡产，负债累累。他们彻底死心了，再也不提告状的事了。

一进院，女人就对陈山章亮明了身份，说自己是公安局长任长霞，希望他站出来揭发"砍刀帮"的罪行。陈山章说，任局长，我知道你，你为老百姓办了很多好事，你是个好人，也是个好官。可是我真是没啥说的，那件事我早就不告了。我是再也不告了，再也不想说了。任局长，我谢谢你来找我。但你还是走吧，你回去吧。长霞说，老陈，你应该相信公理和正义，也应该相信共产党的天下容不得"砍刀帮"继续作恶。老陈就说，任局长，算我对不住你，我真是不想说啊。长霞站起来，老陈，我还会来。老陈说，局长你别来了，这地方路不好，你来一趟不容易，也不值。长霞说，老陈，"砍刀帮"不抓，海渚村永无宁日。

次日的同一时间，长霞又出现在陈山章家

中。考虑一夜的陈山章就说了。陈山章泪流满面，他说任局长啊，我为了告状为了讨个公道，弄得是债台高筑啊。我想不通为什么就没人出来管一管他们啊。他们整天带着刀东走西逛，看谁不顺眼就砍谁几刀，他们仗着有人撑腰就为非作歹，想干啥就干啥。这海渚村人过的日子是没法说啊，村里谁见了他们都得老远就避开，闺女家更是听见他们的声音就吓得躲在屋里不敢出来，任局长，你是不是真的会把他们抓起来啊……

老陈，我管。长霞说，你最好现在出去一趟，再去给我找两个受害人来谈谈情况。

不大工夫，陈山章就带着两个人回来了。陈山章指着身后的中年人说，任局长，他叫郭营业，他愿意跟你说说。郭营业四十来岁的样子，中等身材，浓眉大眼，长得就像古画中的罗汉。长霞刚要开口，却见郭营业"扑通"跪下，"咚咚"地给自己磕起头来，他边磕边哭，任局长，我冤啊，我真是冤啊……长霞把他扶起来，劝他别急，慢慢说。郭营业平定一下情绪说，任局长，老陈是因为不让地叫他们给砍了，可我是无缘无故地就被砍了。那天晚上，我躺在自己家里看电视，刚播完《新闻联播》，就要演《苍天在上》的电视连续剧了。我听见我老婆在院里大声喊我，声音不对劲，我就坐起来想下床出去看看，可一抬头却看见李兴建领着十几个人冲进来了，他们二话不说就把刀举起来对着我砍。十几个人砍我呀，我根本躲不了。我缩在墙角一边躲刀一边问他们为啥要砍我，李兴建说想砍就砍，砍死你去述。他们把我砍得浑身是伤，血流一地，从屋里流到屋外。他们砍够了就扬长而去。我老婆当时都吓瘫了，幸亏她叫人把我背到卫生院，要不我光是流血也流死了。任局长你不知道他们有多厉害，他们不光称霸海渚村，他们在君召乡和石道乡也是到处祸害百姓，想砍谁就砍谁呀……郭营业撩起衣服又卷起裤腿，长霞看到一道道纵横交错的刀疤，蚯蚓样盘踅在他的背上和腿上。陈山章也撩起外衣，他的伤疤同样触目惊心，令人恐惧。长霞又和另外几个受害人秘密谈话。经过调查，"砍刀帮"的罪行一件件浮出水面。

长霞紧急召集有关领导开会。她说，长期以来，以李兴建为首的"砍刀帮"在君召、石道两乡横行乡里，祸害百姓。他们有的拦路抢劫，强奸妇女；有的夜入民宅，撬门别锁，撬不开别不开就踹门明抢。他们偷牛牵羊、为所欲为、欺男霸女、敲诈勒索，靠着人多势众，到处明抢暗夺。致使受害群众有苦不敢诉、有冤不敢伸。我几次到李兴建的老窝海渚村去摸底，整个村子整天都是静悄悄的，许多人家一到天黑就用链子锁把院门和屋门反锁上，把自己紧锁在屋子里。群众过的这是什么日子啊。

可他们见了我，一开始还是不敢说，他们是真被"砍刀帮"吓破了胆哪。对于以李兴建为首的"砍刀帮"这个涉黑犯罪团伙，我们必须一举捣毁，还老百姓一片明朗的天。

她又说，还有一个情况我必须说明，"砍刀帮"这个案子，是我查积案查到的，不是群众来举报的！不是群众来举报的，这说明什么，说明还有一些群众并没有从内心深处相信我们，说明我们的工作还是做得不够好，说明我们的民心工程还有所遗漏。我们应该继续深入彻底地抓好警民关系，赢得登封城乡所有群众的认可和信任。这是我们公安干警的努力目标，更是我们的神圣职责。下面研究具体抓捕方案，请大家想一想抓捕过程中有可能出现的问题……

次日深夜，长霞率领150名民警，到"砍刀帮"主要活动的中心区域君召乡和石道乡进行突击抓捕行动，当夜抓获"砍刀帮"骨干分子18人。随后的一个月，奔逃在外的李兴建及其他"砍刀帮"成员被登封公安局全部抓获。专案组开始了艰难的取证工作。由于许多群众担心李兴建出来后会进行报复，很多人见了民警就往屋里躲，说什么也不肯提供情况。

针对这种情况，长霞带领民警在海渚村召开了群众动员会。她摘下帽子托在手上，动情地说，我任长霞以头顶的国徽庄严承诺，李兴建必会受到国法的制裁。请大家相信共产党的天下，正义必定战胜邪恶。请大家相信我为官一任，就要保老百姓平安。

人群渐渐聚拢了，当场就有人走到会场中间去，哭着控诉"砍刀帮"的罪恶，有人撩起衣服，让人们看身上被"砍刀帮"留下的疤痕。会场上哭声一片，专案组对"砍刀帮"一案的调查取证工作就此顺利展开。

不久，68个"砍刀帮"成员在宣判大会上被一一宣判，数万名到会群众发出了山呼海啸般的欢呼声。当主席台上的长霞听到他们高呼"共产党万岁"时，她的眼睛湿润了，那种庄严神圣的感觉久久地驻留在她的心里。

平定风波

人与人之间最高的信任莫过于言听计从的信任。

在登封，只要长霞到场，所有的纠纷都好处理，再复杂的问题也易解决，再激愤的情绪也能平息。这一切，皆源于老百姓对她莫大的信任。

这天晚上 10 点多，长霞接到报警，大冶西村村民和当地煤矿因装车费用问题发生纠纷。大冶派出所民警去解决纠纷，却被情绪激动的村民给"扣"了。村民把民警连人带车围困在煤场里不让出来。

长霞马上通知正在值班的副局长岳治国一同赶赴现场。

不到半个小时，长霞的车到了大冶西村煤矿大门口。他们听见里面人声喧闹，却进不去。这是一个四周都垒有高墙的大院，只有这一个大门是进出运煤车的，眼下，这门口是一条深沟，这深沟是村民们挖的，他们不让任何车辆开出去，也不让任何车辆开进来。他们不仅挖了沟，还把电也给断了，他们今天非要讨个说法不可。

长霞一行只好绕到围墙西侧的一个小门进去。煤场里头有很大一片空地，借着朦朦胧胧的月光，可以看到空地上站满了人，黑压压的足有 200 多个。这 200 多人是愤怒的，他们不断地骂着喊着，发出一阵阵巨大的声浪。今天既然已经闹到这里来，他们就什么都不怕了。辛辛苦苦地干了那么长时间，这煤矿许诺的装车费就是不兑现，找了矿上几次，矿主都不理睬，天下有这种道理吗？给你干了活不仅不给钱还得看你的脸，凭什么这么欺负人啊。村民被激怒了，他们一商量，就"呼呼啦啦"地来了 200 多人。他们在煤矿的大门口挖了沟，这样运煤车就出不去了，煤运不出去，看那黑心的矿主怎么挣钱。他们干脆把电也给断了，让整个煤场都掉进一片黑暗中，若是有谁敢派人来这里搞武力，他们就打算摸黑干一场，打着谁算谁倒霉，事后还不能追究责任。就是嘛，这么黑压压的，你怎么知道是我打的？你看见是我了？你的眼睛带夜光？

村民们知道事情会闹大，他们不怕，他们不能白吃了亏。他们在一片黑暗的包围中感到安全，但黑暗毕竟是压抑的，这种压抑使得他们胸中的愤怒之火疯狂燃烧着。他们豁出去了，他们什么也不怕了，他们今夜是非要个明白不可。有关部门来调解，他们毫不留情地把他们给撵走了，看着他们摸索着退出去的样子，村民们解气极了，真痛快啊。派出所也来了，来了就别想走，村民们把民警连人带车围在院里了。对派出所他们没什么意见，但眼下可不能让民警出去，民警也许会叫来更多的民警。他们不怕把事闹大，但他们也不愿招来众多警察的包围。

又有什么人进来了，几个人是从小门摸索进来的。有一个女声传来，谁把路给断了？赶紧叫人平沟！这种做法是违法的。

村民们呼地围了上去，他们气势汹汹地说，俺挖的沟，谁敢平？！你们是哪来的？不叫矿上拿钱，你们也别想走出去！

村民们愤怒地吼叫着，声音一浪高过一浪——

跟你们说个屁，都是些糟蹋粮食的货，你们滚出去！

你们去叫矿上拿钱，不拿钱我们就砸了这里！

我们整天装煤车，装得一身黑汗，那些黑心货凭啥不给钱！

村干部贪污我们的血汗钱，你们为啥不管？！

矿主和村干部欺负我们，今天不把钱吐出来别想完事！

我们啥也不怕，我们要讨回血汗钱！

你们想管就叫他们拿钱，不管事就滚出去！

愤怒的吼叫声此起彼伏，黑压压的人群也越逼越近。岳治国赶紧把长霞护在身后，他大声喊，老乡们，静一静……

他的声音被淹没了。他赶紧抓过民警手中的电喇叭喊道，老乡们，大家冷静冷静！我们是登封公安局的。我们任局长来给大家解决问题……

人群一下子静下来了，静得一丝声音都没有了。良久，有个声音问，是不是长霞局长？

长霞接过电喇叭，她说，老乡们，我是任长霞。

有人惊喜地呼了一声，真是任局长来了！

长霞说，我理解大家的心情，可这种做法不能解决问题。咱们现在选几个代表出来，找个地方坐下，先把情况说清楚。

两个老者靠上前来，他们举着电筒照长霞的脸。他们回身说，这真是任局长！大家退后，叫几个主事的出来，咱今天就听任局长的。

人群马上就退后了。很快，五人代表走过来，代表用手电给长霞他们照着路，来到西门的小传达室。

小传达室也是黑灯瞎火，代表摸过一张凳子放在长霞跟前，任局长，你坐。

长霞站着没动，她说，你们要是相信我，就先把电接上。

代表"嘿嘿"笑着出去了。几分钟之后，屋里"刷"地亮了。

代表说，任局长，半夜三更地叫你跑路，真是老对不住。

别说客套话，先说这里的情况。长霞说。

代表就把情况说了。长霞又叫人马上去把村支书和矿主叫来。

矿上的人到了，他出示了向村里付过钱的收据。

村支书来了，来了就一个劲儿地给自己作辩解。

长霞对五个代表说，现在情况已经搞清楚了。矿上确实把钱给了村里。村里干部有问题，查实后一定会被处理。你们要相信政府。你们该得到的报酬一定会得到。但你们今天的做法不对，这么闹下去会给矿上的生产造成损失，这是违法的。你们赶紧去把沟平了，让矿上尽快恢复正常。

代表又出去了，又有村民端来了热水。村民们一直在小屋进进出出的，有的还趴到窗户上往里看。岳治国说，长霞，这些老乡都是来看你的，他们信你呀。

长霞就把笑容挂在脸上，她对每一个进屋的人都是笑着的。她说，信任无价啊。

代表进来喊，任局长，沟填平了，路通了。

长霞就往外走。代表却拦住她说，任局长，你能不能等一会儿再走，一小会儿就中，大家还想跟你说个话。

长霞点点头。走到大门口，那条大沟已不见了，上去踩踩，土压得很夯实。长霞四下看看，场子里亮堂堂的，人群还没散去，他们仍是站成一大片，就那么远远地看着她，不过却没有人高声说话了。

两个小伙子很吃力地抬着个大麻袋跑来，跑到长霞跟前才松手，麻袋"通"的一声落到地上。

场子里的人这才围过来，代表说，任局长，又耽误你时间了。这袋里是今秋的新红薯，村里老穷，也没啥给你的，这也算是大家的一点心意，你回去尝尝鲜吧。

在百姓的心中，长霞是公正和正义的使者，是真正的共产党和人民政府的代表，是他们的贴心人。

丰碑长存

⊙→ 铁血柔肠

★★★★★

长霞已经三个月没有回家了。

会议室齐刷刷举起十一只手。这十一只手是请求长霞回家看看的手。看到眼前的十一只手和十一张笑脸，长霞的心底格外舒畅。共事三个月了，这十一位班子成员对自己从一开始的怀疑、不信任甚至是轻视到观望、观察再到目前的拥护、拥戴、齐心协力、同舟共济，这中间整整走过了一百多个日夜，真不容易啊。长霞真有一种沧海桑田、换了人间的感觉。她看着自己的十一位副职，他们也都看着她，每个人的眼神都是亲切、平和、信任的，再没有了当初的冷漠和猜度。和别的系统不一样，公安队伍是和平年代流血牺牲最多的队伍，时刻面临着生与死、血与火的考验。一次次的同甘共苦、生死与共，使得他们之间的情意更深也更浓，那种经历过生死关头考验和抉择的情谊，是火一样烧在血液里的，是无论多么漫长的时光都不能够侵蚀和抹杀的。

长霞眼圈红了。他感谢他们，感谢他们的关心和理解。是啊，哪个女人不思念家庭，不思念孩子丈夫？

早晨五点半，长霞一个鲤鱼打挺跳下床，半夜她梦到了儿子毛毛，她要回去看看儿子，看看丈夫。走高速来回两个小时就够了，这样8点就能赶回局里。

儿子还没醒。

丈夫春晓边做早餐边说：长霞，你以后别这样了，时间多紧哪。

春晓煮好稀饭炸了馍片，又给她炒了两个菜。把东西端上桌，他推开儿子的房门，他就那么站住了。

他看到妻子俯着身子把脸紧贴在儿子脸上，而儿子仍旧睡得很香。妻子一动也不动，就那么轻轻地俯着身，就那么紧闭着眼睛，似乎很陶醉的样子。渐渐地，一滴眼泪从妻子紧闭的眼帘中沁出，慢慢地滑到腮上……

卫春晓过去把妻子拉出来。他说长霞你别这样，弄得跟生离死别一样，既然回来了就高兴点儿。

我是挺高兴，可一见到毛毛，不知怎么回事，就……长霞吸吸鼻子，不好意思地笑了。

夫妻二人相对着在饭桌前坐下，长霞先给丈夫盛了碗稀饭，春晓，我都三个月没回来了。

可不是嘛，任局长。

你别这样说，我……长霞眼圈又红了。

哎呀长霞，你这是怎么了，是不是有啥不顺心？

没有，刚破了一个大案，心里高兴。昨晚梦到毛毛，就回来了。谁知道一看见毛毛，心里又难受得不行。

任局长，你在公安局也这样一会儿哭一会儿笑？卫春晓打趣说。

才不是呢，整天板着脸，有啥情绪都狠劲往肚子里压，有时候气得不行也不能发火。前一段案子破不了，我急得上火，天天牙疼。

你身体怎么样？

还那样，不行了就输输液，平时吃药。

卫春晓放下筷子，起身走到妻子身边，他板起她的脸，又轻轻扳开她的嘴，只一看，他的眼睛就模糊了。

她的下嘴唇内，布满了一道一道的血痕！

这世上，只有他知道她的这个毛病，心里难受时、委屈时、有什么事咽不下去时，她就咬自己的下嘴唇里边。这毛病是中学时落下的，以后就再也没改掉。

长霞，回郑州吧。卫春晓声音有些抖。

长霞眨眨眼，眼角滚出一串泪，再眨眨眼，她又笑了。

她说春晓，我扔不开呀。

你看你的嘴，我这心里头……不好受。

也没啥，春晓，我脾气太急，真的，没啥。

卫春晓伸手拨拉着妻子的头发，长霞呀，你的头顶太稀了，最近老掉头发吧？

每天早晨一梳头就掉，春晓，我是不是很显老？

不老不老，还和年轻时一样，俏着呢。

长霞笑起来，满脸阳光四射，她知道他就是她身后的磐石，有他的支持，她的腰总是挺得直直的。

临走，长霞给儿子写了个条子。

毛毛：

妈妈来看你，你睡着。妈妈要走了，妈妈真想你。你要好好学习，要听爸爸的话。

妈妈有空再来看你。

妈妈想你。

妈妈想儿子，儿子也想妈妈，何况是一个只有 14 岁的孩子呢。谁也没有想到，毛毛为了见妈妈，会自己骑着车子去登封。

长霞接到了 110 的电话，毛毛骑车到新密摔倒了，胳膊和腿都摔破了……

看到像泥猴一样的儿子，长霞的心痛啊。

长霞说，毛毛呀，你以后可不许这样，骑自行车来太危险，一路上都是大货车……

妈妈，我想你了。毛毛一句话说得长霞又要落泪。

妈妈欠你的太多了。长霞难过地说。

不要紧，妈妈。爸爸说，等你以后退休了就会天天在家待着，你想跑也没地方可去了。毛毛满脸向往地问，妈妈，你什么时候才能退休呀？

长霞破涕为笑，等你大学毕业吧。

那么长啊。毛毛失望地说。

不长，毛毛，很快的。长霞一边往儿子手上递吃的东西一边定定地看着他。

妈妈，你老看我干吗？

妈妈看不够你。你平时想不想我？

想。

有多想？

特别想，每天晚上都想。

听爸爸的话没有？

听了。

那爸爸为什么老说你不听话？

毛毛不好意思地低下头。长霞就伸手摸他的头，一遍又一遍地摸，直到毛毛扭着头不愿意了。

妈妈，你今天晚上没事了吧？

没了。陪你说话。这东西好吃不好吃？不好吃妈妈领你去吃夜市。

不去。还是和妈妈说话吧。妈妈，我爸说等你退休了，让你天天在家干活，什么活都让你干，他得好好歇歇。

我干，我愿意干。毛毛，你心里和谁最好？

妈妈第一，姥姥第二，姑姑第三，爸爸第四。毛毛一边说一边想。

长霞太高兴了，自己居然是第一！好儿子！她问毛毛，爸爸天天伺候你，洗衣做饭的，他为什么才第四？

他打我。毛毛愤愤不平地说，一考坏他就打我。

太不像话了，妈妈批评他。长霞佯装愤怒，其实丈夫打儿子，她又怎会不知道，有时丈夫告诉她去开家长会如何挨老师的批，她甚至会对丈夫说打他！结果丈夫就打了，结果丈夫就当爹当妈地十几年却落了个"第四"。自己欠儿子欠丈夫的太多了，看来这笔账只有到退休再还了。

这时，有两位民警来汇报工作。毛毛坐在

一边的沙发上，目不转睛地看着妈妈，连眼睛都不舍得眨一下，他要等着妈妈忙完再和他说话呢。可他骑了一天的自行车实在是太累了。

长霞作完批示，送走两位民警，一看毛毛已经歪在沙发上睡着了。他还没来得及洗个澡换换衣服，满身满脸都是灰尘，脚上的运动鞋更是污黑一团绽开了缝。长霞端了盆温水过来，她蹲下身解开儿子的鞋带，又脱下他的袜子，然后把他的两只脚浸在温水中，很轻很轻地洗着。

曾有一位记者这样问长霞：听说你到登封后从没休过假日，也没给自己放过一天假，是这样的吗？

是。不是我不想休，确实是不能休，事情太多，做不完。

如果现在给你一个月的大假，你怎么过？

一个月？太奢侈了。我从 19 岁参加工作至今，除了产假，还从没有休过一个月的大假。如果真给我这么多天，我想我会和家人待在一起，哪儿也不去，就和他们在家待着，待个够。

你的家人能理解你吗？

能。他们长期以来对我的理解和支持，我一直都很感激。

你不觉得有愧于你的家人吗？

我有愧，确实是很对不起他们，但我以后会补偿的。现在的时间给工作，以后的时间给家人，这样两头都算对得住。

春节值班，长霞给自己定为年三十和大年初一值班。她先给妈妈打电话，很歉意地说明情况，妈妈只是说，那你就值吧，我和你爸就当是给国家贡献了一个女儿。长霞再给丈夫打电话，丈夫也说，行啊，你就值吧，反正我已经习惯了。轮到儿子了，儿子说妈妈又骗人，你上次都保证了春节和我一块儿过，好不容易等得春节快到了，你又说不回家。长霞对儿子解释，她说妈妈也想回家，想看姥爷、姥姥，还想跟你和爸爸一块儿包饺子，可妈妈实在是不能离开呀，等过完春节妈妈一定抽时间回家陪你……近几年，长霞自己都不知道打过多少次这样的电话了。

 唯贤任人

★★★★★

2002 年 3 月，早春的和风悄悄染绿了嵩山的万壑千崖，中岳大地笼罩在一片寒意料峭的苍翠之中。登封市公安局经历了一场酝酿已久的机制改革的洗礼。

为了锻造出一支思想和业务同样过硬的队伍，长霞和局党委班子研究决定，在全局全面推行人事改革，中层干部必须竞争上岗，民警优化组合双向选择。她在党委会上说，我来登封马上就一年了，这一年我一直在调查，也在观察。人事问题历来都是一个单位最敏感也最重要的问题，我刚来时就在全局大会上说过半年不动人事，就是为了把人心定住，把队伍稳住。半年后我们清除和辞退了15名违纪民警，反响很大，队伍中人心思进，正气回归。但制约队伍建设发展的瓶颈是干部结构不合理，一些安于现状、不思进取的人占着位置不干事，很多有思想、有作为的民警没有合适的渠道被及时选拔上来。我们也曾提拔过几个在调查中发现的基层民警，但那还不足以影响全局，那种提拔只属于点而不属于面。这次要推行的机制改革是一场全局运动，我们要成立评委会，让优秀人才有一个展现才干的大舞台。让能者上来，庸者下去，让我们队伍的整体素质再上新台阶。有了坚强过硬的队伍，就有了干事的基础。在这次竞聘上岗中，我们领导班子成员要做到公正和公平，要顶住一切说情和送礼的风气，绝不能出现任何上不得桌面的行为。我希望大家严格自律，为我们登封公安局能拥有一支高水平、高素质的战斗队伍而团结一致，共同努力。

评委会很快成立，长霞亲自出考试题。踊跃报名竞聘的民警很多，一时间，全局上下都在密切关注着这次声势浩大的人事大调整。人们说的、想的都是这件事，可谓潮流滚滚，势不可当。但又有两个问题摆在了长霞的眼前，一是来自方方面面的说情，有的真的是令她百倍为难，她试着去用最柔和最婉转的态度进行消极抵抗，但没有用，人家是谁也不吃这一套，都在自恃着一些自以为很过硬的因素要求她务必关照。也有人送礼，送礼的方法也是花样百出，总之是你有千条计抵挡，我有老主意必上。长霞不得不横下心拉下脸，这一招还真是立竿见影，立马挡住了一大批说情的和送礼的，但还有极个别锲而不舍的人硬是顶着她的冷脸往上冲，弄得她实在不能不感叹万分。曾有一个派出所的副所长想来局里，他先是托了郑州市的某位领导给长霞打电话，后又托登封市的领导给长霞递条子，他自己呢，倒也知道长霞是个见了礼品会发火的人，所以每次也都做到空手而来，他是来了就哀求，情真意切地哀求，说再不能回局里的话，老婆就会跟自己离婚，说到动情处还会落泪。长霞就说你去竞聘嘛，只要你过了关，只要你合要求，你自然能回来。他就说局长呀我这么多年早把书本丢了，我哪敢考试呀，考个零蛋怎么办，那还不丢死人了。你能不能给我透点题，我会感谢你一辈子……面对这样的人，长霞一开始还想发火，可弄到最后，她硬是被磨得没了脾气。

　　还有一个问题就是某些能力强素质高的民警根本没有报名。这个问题令长霞很是着急上火，这次全方位的大调整，她不想漏掉任何一个应该上来的人，但人家就是不报名，任你怎么声势浩大怎么煽风点火人家就是抱定了隔岸观火的态度，绝不肯下水一试，你又能怎么样，你总不能一个一个地找一个一个地谈吧。长霞还真就找了谈了，她把自己视力范围内的"漏网之鱼"一个个叫来谈话，鼓励他们务必参加。他们不报名的原因很多，但整体归纳起来则不外乎几条，一是怕考不上丢人，弄得羊肉没吃着还满身膻气；二是不大相信局里真能做到公平公正，咱自己忙活一场却成了别人的陪考。这两种顾虑一般比较容易打消，往往是长霞一番动情入理的话，人家立马也就表态了。最难说通的是第三种人，这种人在工作中大多是勤勉肯干的，但在为人上都比较低调，甚至是消极的，他们本着良知做人，本着职责做事，既不愿在同事面前以竞争者的姿态出现，也不愿为了一官半职而打破自己平静的生活和心态。有个长霞很欣赏的基层民警就对长霞说过这样的话，他说，局长，你的好意我心领了，但我真的不想去参加什么竞聘，我只想平平淡淡地生活和工作，我不习惯整天跟在领导身后听指示再把这种指示传达给自己身后的人去听，也不习惯三天五天地就参加个大会小会的。再说现在这社会，像我这样什么都没有的人实在不宜进官场，官场那一套游戏规则我应付不来，也不想去学。话都说到这一步了，长霞也就只能放弃，但她的内心是无限惋惜的，她需要那些力争上游敢于争锋的下级，也欣赏这些脚踏实地宠辱不惊的同志。这些同志如果能够再积极一些激进一些，就会成为真正的中坚力量。

接下来是一系列严格的考试，竞聘者按照执法理论考试、演讲、答辩、综合评比等程序进行竞争。竞争是公平的，也是残酷的，许多优秀人才就此脱颖而出走上了领导岗位，也有相当一部分人不得不"让贤退位"。这次调整共涉及到200多人，真正做到了"能者上，平者让，庸者下，劣者汰"，极大地鼓舞了民警的工作热情。

⊖ 此情此生

✩✩✩✩✩

又是一度秋风劲。漫山遍野的青翠在秋风中燃烧成一片片一层层的金黄与鲜红,黄的胜金,红的如血。远远望去,峰峦峭崖间金光绚烂,远近树木上红叶尽染,这是嵩山的秋天。嵩山的秋风是寒冷的,但这寒风却把连绵起伏的嵩岳山脉涂抹上大块儿大块儿的暖色,于是,嵩山的秋天就在高悬的太阳下安详地灿烂开来。

把办公楼转完,长霞回自己的办公室,一推门就闻到一股熟悉的香味,丈夫来了。

长霞吸吸鼻子,素馅饺子吧?

丈夫一脸灿烂,长霞,你的鼻子连保温饭盒都能穿透,比警犬都厉害。告诉你,这次不光有饺子,还有你爱吃的菜,你再闻闻？

白菜炖豆腐。长霞脱口而出。不过这不是闻的，而是猜的。

丈夫打开饭盒，让她赶快趁热吃。看着她狼吞虎咽的样子，丈夫卫春晓感慨万千。

十几年的夫妻了，这世上没有谁比他更懂得她。刚有孩子时，小两口的生活一度很清贫，一家三口人挤在一间小小的屋子里，夏热冬寒，但日子里充满了歌声，是实实在在地快乐着。他们也很认真地生气很大声地吵架，但心底是踏实的，都知道自己是被攥紧在对方的手心里，也从不打算从那手心里跳出来。两个人都爱学习爱上进，学书法学唱歌也学英语，家里的大事她都听他的。她闲不住，整天哼着歌洗衣、做饭、做家务，她大大咧咧地生活着，做饭总做多，出门常忘记带钥匙。跟所有的女人一样，她有时使使小性子，有时无端端地吃醋，有时阴阳怪气地"敲打"他。但她好强，她有英雄情结。慢慢地，日子就有了变化，她在家的时间越来越少，再后来，她干脆常常不回家了，一有什么大案要案，她在专案组一待就是十来二十天。

她上任以后，他跟孩子常拿她开心，有时他就问，任局长最近很忙吧？孩子就捏着腔说，嗯，正在视察工作，等会儿还有个班子会。有时孩子会装作罪犯说，任局长，求求你放过我吧，给，这是一个大红包。他就义正辞严地作手枪瞄准状捏着腔喝道，拿走你的臭钱，我代表人民枪毙你。然后两个人就会笑作一团。直到今天要来看她，准备去参加足球比赛的儿子还笑嘻嘻地说，爸，你可别赶上任局长正在主持会议呀。于是他就来了，看到了她的消瘦她的疲惫，他一下子就明白了她这些日子是怎么硬撑着熬过来的。她从来都是个干活不要命的人，从来就没有惧怕过苦和累，再苦再累再危险她也决不后退。他知道，她是真的太难太难了。

长霞边吃边问，孩子怎么样？老人这一段好不好？

孩子还那样，学习就是上不去，我是一点招儿也没了。老人也那样，没什么事儿，我时常过去看，你不用担心。

长霞就不再说话，老人和孩子都是她的牵挂，也是她的心病，爸爸在 1998 年突患脑溢血，一个多月昏迷不醒，后来抢救过来了，但却一直偏瘫在床；妈妈身体也不行，有老年综合征，常常靠药物维持；婆婆有心脏病，速效救心丸天天随身带着。可是长霞已经很久没去看过他们了，她所能做到的也就是买一些药叫人捎给他们。她想他们，有时半夜想得厉害，她会一阵风地穿好衣服往外跑，可每次跑到门口她就停住了，这种大半夜要车回家的事情，如果是男局长是做不出来的，男局长不做，自己就不能做。她慢慢转过身的那个动作，每次都那么沉重，从门口走到桌边的那几步路，她每次都走得那么委屈。自己不孝啊，可自己真的没办法去尽女儿的本分啊，这局里六百多名警察再加上一千多名治安员，这将近两千人的队伍握在手里，怎么能够说走就走呢。长霞每次抑制住回家的冲动后，都要呆坐很长时间。有时她会点上一支烟，也不吸，就看着它一点点燃烧，一点点化成灰。烟燃完了，她的心也就静了。老人没有抱怨过，但老人想她，有时会给她打个电话，也没事，只为听听她的声音。老人来电话时，如果正碰上她不忙，她会很高兴地说上一大堆话，尽管很多废话，但电话两头都很满足。可惜不忙的时候太少，大多数时候，她只能问两句他们的身体就收线，她就想着等会儿忙完再打过去，可这件事完了还有那件事，等所有的事情都告一段落，往往就到深夜了。深夜是不能给他们打电话的，再想也不能。

看到长霞忽然难受，春晓连忙安慰说，你是他们的主心骨呢。等退休了你再去尽孝。

也不知道到那时他们还在不在。长霞茫茫然的样子。

在，肯定在。就为了让你尽孝，他们也得活到一百岁。

长霞又问，那毛毛的学习可怎么办哪。

说又不听，劝又不行，打又打不动了。卫春晓一提起儿子就想发火。长霞，我是好话坏话都说尽了，可他是软硬不吃，回回都考不好，你说这以后可怎么办。

都怨我。要是我一直在他身边就好了，天天看着他做功课，不会了可以教他，做不完不让他睡觉，那样就好了。长霞自责地说，他学习不好都怨我，我要是个好妈妈，他就不会学习不好。从小就没怎么管过他，整天把他东一家西一家地一扔就是好几天。我到现在都忘不了，他三岁时我去办案，你也出差忙去了，我把他搁到小何家，一搁就是一星期，我去接他的时候，他很高兴地拉住我的手，又很担心地问我，妈妈，你又要把我送到谁家。我……

长霞说不下去了，她脑海中仍是三岁的儿子仰着小脸问她话的样子，他脸上那种担心的神情，像刀一样扎着她的心。

长霞爱儿子爱丈夫，却不能尽母亲、妻子之责；爱父母却不能在床前尽孝。

直至生命终结，长霞也没能够实现在家与父母、儿子、丈夫一起过个团圆年的心愿。

➡ 命案关天

★★★★★

登封市公安局同时接到两起报案，一是大金店镇南寨村黑龙沟自然村村民王国明及其妻子失踪案，二是徐庄乡古道杀人案。长霞带队即赴古道杀人案现场。

所谓古道，是指徐庄乡境内的蜿蜒山路。徐庄乡南边为大小熊山，东边为五箕山，北边是绵延起伏的 800 里伏牛山。这里的山路，是郑州到平顶山和许昌的必经之路。很多年来，来自安徽和豫东往返这里拉煤运货的车辆一直川流不息。所谓有山必有匪，这条山路自古以来就是"刀客"出没之地。所谓"刀客"是指旧社会持刀抢劫的强盗，他们隐身于山间沟壑，在这条弯弯曲曲的山路上以打劫为生。"刀客"大都祖祖辈辈从事着世代相传的强盗生涯，为了掩盖抢劫的事实，他们管自己叫做"刀客"。古往今来的刀客大多恪守着祖传的规矩：只打劫过客，不打劫本地人；只谋钱财，不害性命。也许正是这两条尚且称得上"道义"的规矩，才使得历代官府都没有狠下心来剿灭他们。本来嘛，不出人命对官府来说就不是大事，再加上刀客根本不动本地人，那官府也就睁一只眼闭一只眼地过去了。时有那被抢的外地客商来报案，官府也会像模像样地派几个衙役去搜山，可那绵延无涯的深山又岂是几个衙役就搜得过来的。于是，刀客和官府也就各守"本分"地熬过了一代又一代。

新中国成立后，政府出兵整治古道。这山区古老的刀客职业终被废除，他们就像城市的妓女和吸毒者一样消失了，再也没了踪影。斗转星移，又是几十个年头过去，山道上又发生过几起劫案，劫匪用刀，但他们不再恪守刀客的规矩，他们是见钱就抢，见人就杀，才不管你是本地人还是外地人。登封公安局曾针对劫杀案，对古道进行过彻底的清理和整顿。

但"2·16"特大杀人案还是这么发生了。被杀者正是失踪的王国明夫妇，他们的尸体就在古道深处距离平顶山仅5公里的地方。王国明和其妻死得很惨，浑身上下刀痕累累，尸体下的土都被血迹染红了。刑警队的现场勘察结论是侵财性质的抢劫杀人。长霞没有表态，她反反复复地检查王国明的尸体，又不断地查看那一片布满血迹的土。她跟刑警要了一支烟，慢慢地吸着。山风如刀，刺得每一个人脸上生疼，就连厚厚的大衣也被风吹透，不断有人吸吸鼻子，又打一个喷嚏。那两具已被冻得僵硬的尸体显得更加狰狞可怕，刑警没有怕尸体的，一大帮人就那么围着两具尸体看来看去，但没有人说话。长霞吸完一支烟，她又要了一支烟吸起来，许久，她说：同志们，我刚才也一直在质疑王国明下身的刀伤，我在想，如果只是侵财劫杀，那凶手没必要在多处致命伤已经形成的情况下，再专门对他的下身补刀。这是疑点一。我再说疑点二，请大家仔细看看这些带血迹的土，不错，土已经被血染红了，可这些土为什么呈浮尘状态，血迹为什么只染红了这一层土，而没有对土面构成浸染。难道两个死者那么多的鲜血还不足以把这一块地方浸透吗？这又是为什么？所以我认为第一这个案子不是刀客所为，而是蓄意谋杀，至于谋杀的性质到底是仇杀还是情杀，相信很快会有结论。第二，我认为这里不是第一现场，凶手之所以把尸体放在这条古道上，就是想移花接木嫁祸给传说中的刀客。我们必须找到第一现场才能破案。长霞一挥手，我们去王国明家。

王国明家在农村算得上比较富裕。院里的两层小楼虽已有些年头，但屋里却是颇为现代，各种家电一应俱全。

刑警们经过细致的勘察，终于发现了一处血污渍，血已干结发黑，乍看就像一团因时日太久没清洗而凝成的污物。正是这一处血污渍，使公安局将此处确认为第一杀人现场。经过了解又确认，王国明夫妇被杀时间为2月15日晚上，因为那天他们的女儿去了姥姥家，而她次日回家就发现父母失踪了。既然人是在这里被杀的，那么两具尸体是如何在当夜就从大金店被运到徐庄乡的古道深处的呢？路途那么远，凶手一定得有运输工具才能完成这种转移，凶手到底用的是什么运输工具？

通过排查收集到两条线索。第一条线索是一家铝窑窑主报来的，他说他的摩托车半夜丢失，清晨自己又回来了。第二条线索是关于一个叫安琳琳的女人的。据群众反映，这个女人和受害人王国明长期保持着不正当关系。安琳琳在和王国明相好的同时，还和一个叫安有现的刑满释放人员长期同居。

长霞和刑警们经过分析认为，安琳琳不可能杀害王国明夫妇。凶手很可能就是安有现！

但是，安有现跑了。安有现已经逃跑了。

安有现会逃到哪里？专案民警经过连续三个昼夜的排

查,终于在夏邑县安有现的表姐家抓获安有现。

安有现的心死了,自从被扑倒在表姐的家门口,他的心就死了。一个死了心的人还有什么要隐瞒的,他很痛快地供认了杀害王国明夫妇的过程。应该说,他为这次杀人是绞尽了脑汁的,自从动了杀心,他就在心里反复推敲着每一个细节和有可能出现的各种问题。直到他把一切都策划好,他才开始动手。

2月15日晚上,他在徐庄乡铝窑窑主老吕家偷了一辆三轮摩托车。他是翻墙进院的,把摩托车推出院后,他又照原样给老吕锁上门才翻墙出去。他的衣袋里装满了徐庄乡的土。到了王国明家,他先翻墙进院,又从窗户爬到屋里。王国明夫妇都在睡梦中,他没费多大力气就把他们砍死了,他又到他们女儿的房中,可惜没有人。他把口袋里的土用王国明的血浸染,又收好放入口袋。他恨恨地盯着王国明的尸体,终于抑制不住内心的仇恨,挥刀就往他的下身砍去。看看王国明的下身已经破碎不堪,他这才把两具尸体包裹起来放到三轮车上。他没有急着离开,他是不慌不忙地把现场的血迹都清洗干净了才走的。他骑着摩托车一路向古道驶去。他很累，浑身都是黏乎乎的汗，但他不敢停下车喘口气。他用力地骑着，一直骑到古道深处离平顶山很近的地方才停下。他卸下尸体，又把口袋里带有血迹的土小心地撒在尸体周围。然后他又骑上摩托车到老吕家，翻墙进院开了门把摩托车放回原处，他锁好门又从墙上跳下来。安有现说，我把一切都算计好了，我以为你们不会怀疑王国明的死因。我想你们会把这两条人命算到刀客的头上，可我还是失算了。

君召乡石坡爻村的陈大娘和往常一样，大清早起床忙乎完自己这一摊，要到相隔几步远的儿子家去看看。儿子在镇上做小生意，时常不在家，她习惯喊着儿媳的名字叫门。她喊着春花，却是没人应，陈大娘有些奇怪，用力推推门，门开了。陈大娘惨叫一声昏了过去。

她的儿媳妇王春花横尸屋中。王春花死在堂屋正中的地板上，双眼圆睁，大张着嘴，双手握成拳头，但屋里很整齐，王春花的衣服也整整齐齐，丝毫没有搏斗的痕迹。陈大娘和儿子拿不准该不该报案，他们琢磨着王春花也许是死于高血压病。王春花的娘家人也来了，他们也看不出来有什么异常。几个人一商量，就准备把王春花入土下葬。

抹身、换衣、入棺，一整套程序都在这间屋里完成。这间屋被搞得乱七八糟。王春花就快入土了，她的娘家人在最后一次端详她时发现，她的脖子上有一条细细的浅红色痕迹。娘家人当然不会让年仅40岁的王春花糊糊涂涂地下葬，他们到派出所报了案。

长霞率刑警赶赴君召，面对严重破坏的现场和死尸，长霞下令让法医就地解剖，以查清死亡原因。法医开始操作了……整间屋子血腥弥漫，到处充斥着一股令人恶心的尸臭味。

长霞掇张板凳坐在一旁看着法医操作。解剖过程很细也很慢，长霞看一会儿血肉淋漓的尸体，又看一会儿这间屋子的摆设。长霞把这两间屋子的每一样东西都仔仔细细地看了几遍，她认为女主人王春花应该是个勤快淳朴的农妇，这样的女人不会有什么仇家。但法医验尸结果表明，王春花是被人用绳子勒死的。

冬天天黑得早，黄昏时分屋里已经昏暗一片，长霞让法医出屋透透气。她拉开电灯，又蹲在刚刚解剖完的女尸旁仔细查看。

怀疑目标首先是王春花的丈夫，但派到镇上排查的刑警得知，他当夜住在镇上，整夜没有回家，有三个人可以给他作证。王春花丈夫的作案嫌疑被排除。专案组指挥部设在村委会，村长把计生办扫了扫，又搁张床，暂当长霞的办公室。天亮时分，排查民警得到一条重要线索，王春花的邻居王少伟这两天情绪反常，到处跟人打听警察破案的情况。还有，有一个案发当夜在外喝酒的村民说，那天，他回来得很晚，回来时看见一个身影站在村里的井台上，天太黑，他没看真切，但他说那个身影很像王少伟。当时那个村民喊了一声，谁呀？身影没应，很快跑了，跑的方向也是向着王少伟家。

夜里，长霞率刑警打着电筒下井摸情况。一切都是悄悄进行的。下井的刑警找来找去，只找到几片破碗片和一条一米来长的白色尼龙绳。

王少伟被带到指挥部接受讯问。几个回合下来，王少伟的头上沁出了汗，但他仍一口咬定自己当时在家睡觉，根本没出来过。长霞似乎是漫不经心地抽出了那条白色尼龙绳，她什么也不说了，只是反复把玩着那条绳。

寒冷的深夜，长霞和刑警们裹紧了棉大衣仍冻得从心底往外泛寒气，而王少伟头上却不停地滚下一滴滴汗珠。他终于交代了杀害王春花的过程。29岁的王少伟也曾有过和美的家庭生活，妻子和他育有一个男孩。两年前因为家境贫寒而他又不思谋钱，妻子最终扔下他和一岁的孩子远走他乡。王少伟自此每到夜里就睡不着觉，三天前的晚上，他看王春花一人在家就起了歹念。王春花不但不从，还打了他一个耳光，他一时性起，就用捆菜的尼龙绳把王春花勒死了。

一个个案件的侦破，极大地鼓舞了登封市公安干警的士气,有力地维护了登封社会治安的稳定。使老百姓更清楚地认识到,公安局是为老百姓说话的地方,公安干警是老百姓的贴心人。

→ 大爱无疆

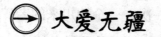

治安要从根本治起,根除愚昧,培养法律意识,才能保一方长治久安。

来到登封以后,长霞深深地感到农村妇女和儿童处于弱势地位,她们在受到侵害时,大多没有维护自己权益的能力。她们大多数善良、勤劳,却又懦弱无知,她们从无伤人之心,就那么草芥一样地生活着。当她们受到伤害时,她们首先想到的是忍让是退却,而不是依靠法律来保护自己。长霞曾处理过这样一个案子,一个年轻俊俏的寡妇被邻家男人强奸，男人威胁她不准报案，否则就杀死她的儿子。她就真的不敢去报案了。此后是长达三年之久的精神和肉体的双重折磨。男人的胆子越来越大，他不仅自己享用她，还常常招几个狐朋狗友一起到她的家中折磨她。她稍有反抗，就会招致一顿拳打脚踢。后来男人要求她"接待"自己从附近矿上招揽来的外地矿工，说一个人收10块钱，可以分给她5块。她苦苦哀求男人，又遭至一顿暴打，于是她又屈从了。一次，一个四川来的老矿工看着她身上的累累伤痕问怎么回事，她说是那男人打的。老矿工让她去告，说公安局一定会把那畜牲给抓了，可她还是不敢。几年的折磨使她光彩尽失，容颜憔悴，还落下一身的病。她哀求男人放过自己，别让慢慢长大的儿子知道这一切，以后抬不起头做人。刚喝了二两酒的男人笑嘻嘻地说，你想得真美，你咋说也得给我再卖20年，你想不卖，老子的酒钱上哪儿弄去。男人打着鼾睡去，她却被新仇旧恨熬煎得夜不成眠，鬼使神差地，她到厨房拿了把菜刀，回到床边就把那男人给砍了，她一共砍了37刀，把男人砍得血肉飞溅，惨不忍睹。她把男人的尸体塞进自家院里的红薯窖，之后又清洗了地面和床铺，把自己也收拾得干干净净。她居然像个没事人一样地打算重新开始生活。几天后，男人的家人报了案，次日她在家中被抓。审讯她的民警问她为什么杀人，她说他是恶狼转世，该杀。民警问她为什么在被强奸后不报案，她说怕他杀了自己的儿子。民警又问她为什么忍受了这么多年的折磨就没想到报案，她说主要是怕村里人知道，弄得儿子以后抬不起头。民警又问她杀人后为什么不自首，她先问自首是啥意思，弄明白之后她说，那鳖孙折磨我好几年，还从我身上挣了不少钱，我杀他有啥不应该，两不相欠的事嘛。然后她理直气壮地说，你们问完了吧，问完我该回家了，还得给孩儿做饭哩。

　　长霞见过这个女人，尽管蓬头垢面，但她的五官依然是俊俏生动的，尤其那双细长的杏核眼，转盼之间称得上楚楚动人。当时她已知道自己再也回不了家了，绝望的她哀求公安局赶快把自己枪毙了，免得日夜惦记着家里的孩儿，生不如死。她告诉长霞自己是真悔啊，悔不该把那鳖孙的尸体塞到红薯窖，要是把他扔塘里就好了，警察找不着尸体就不会抓自己了。她的哭声在长霞耳边盘桓了许久。此后长霞又处理过几起类似的案子。她觉得她们太可怜又太可悲，她们悲剧性的命运往往是由自己的无知和懦弱铸成的。作为一名女公安局长，长霞认为自己有责任也有义务更多地关注妇女和儿童的困难，尽自己的所能去关注和帮助她们。

为了最大限度地保护妇女儿童的合法权益，她先后组织开通了"110"反家庭暴力服务台，设立了妇女维权示范中队。她要求妇女维权中队在接到侵害妇女、儿童合法权益的报案后，要立即向自己汇报。

长霞通过调阅案卷发现，几乎所有的犯罪者都是小学文化或文盲。深入基层到很多群众家了解情况时，还发现有相当一部分群众一开口就说出什么"公社"、"生产大队"等名词，她在会上说，没有文化不行啊。咱们登封的大部分山村还很贫困，要改变这种面貌，必须从下一代的教育入手。大家想一想，下一代人书念好了，有文化了，有思想了，自然就能够把家乡的贫困面貌给改观了，也自然就不会因为几句家长里短就去给人家下老鼠药，弄得人家家破人亡自己也家破人亡。我真是感到这城市和农村的犯罪状况太不一样，农村犯罪者几乎都没受过什么教育。前几天接访，一个村民把自己老婆骂上吊了，后来又叫自己的俩女孩停学了，说是日子过不下去。我当时心里难受我不忍心说他，但我想如果他能多念一点书他就不会靠拿刀和放火出气，他也不会把自己老婆骂得没脸活要去死，而他老婆被人强奸了她应该先来咱公安局报案，她不应该就干等着自己男人回家来主持公道。结果男人拿了把刀去出气，又叫村长给吵回来了，回家只好冲自己老婆发火，老婆就上吊死了。同志们，这些悲剧根本就不应该发生啊，可它发生了，为什么发生？就是因为没有文化。

登封大冶镇西村煤矿发生了一场特大瓦斯爆炸，13名矿工遇难。长霞赴现场参与处理矿难事故，她发现一个小女孩趴在一具尸体上哭得撕心裂肺。尸体已经僵硬，沾满煤尘的工作衣就那么凝结在一身血迹上，有人试着想合上那双睁着的眼睛，可就是合不拢。长霞就问身边的群众，那孩子的妈妈呢。人们叹息着告诉她，那孩子的妈妈三年前就病死了，眼下她爸爸也没了，她成了孤儿。长霞走上前悄悄站在那孩子的身后，她很轻声地说，孩子，别哭了。

那孩子抬起头说，我爸死了，我没人要了。

长霞说，不要害怕，以后有我。春雨，我要你。

随后，长霞迅速联络有关部门解决小春雨的学习问题，并承担了她全部的生活和学习费用，她叮嘱小春雨要听老师的话，好好学习。

从那天起，小春雨开始喊她任妈妈。

为使更多的贫困学生有书读有学上，长霞向全局民警发出倡议，号召大家积极参与"百名民警救助百名贫困学生"的活动，她的倡议立刻得到了大家的积极响应，全局共有126名民警报名参与了救助活动。

126 个孩子又能重返课堂了，长霞是真高兴啊，这 126 个孩子的人生就此改变了。只要肯努力，他们以后就有可能步入大学接受教育再走向社会，他们当中也许会出现科学家、文学家、政府官员甚至是公安干警，多好的事情啊。若干年后，当他们携妻带子地重返故土时，他们也许会在公安局的大门前站上一站、看上一看，他们也许会在内心深处无限真诚地对着这个大院道声谢。长霞在笔记本上写道：

　　能使 126 个孩子重返学堂，我内心的喜悦无法言说，真希望这 126 个孩子都能学有所成，成为对故土对社会有用的人才。但山里的孩子视野太窄，见识也太少，仅有书本教育还不够。我想安排他们到郑州市的科技博物馆去参观一天，再让他们看看城市的公园和广场。等到六一吧，六一是他们的节日，应该让他们和城里的孩子一样过六一节。

　　六一节，长霞按计划安排 126 个被救助的孩子到郑州市去参观博物馆。看着一张张充满兴奋的小脸，长霞的心就像被微风掠过的湖面，一层层地泛着喜悦的涟漪。

　　每个孩子都得到了礼物，礼物是文具盒和作业本。而小春雨除了得到这些，还穿上了一条白底绿花的连衣裙，这是任妈妈给她买的。孩子们是兴奋的，但他们的兴奋明显地不同于正常环境长大的孩子。他们的眼神常常是羞涩的，甚至是躲闪着人的。他们很安静地等着，也许是这个大院和一个个穿着警服的身影，使他们想起了那一天。那一天，他们也是站在这里，对面站着的是和他们非亲非故的警察叔叔和阿姨，他们仰起脸，从叔叔、阿姨手中接过了每年150元的学费。叔叔、阿姨给过钱就拍拍他们的头，叮嘱他们好好学习。就是这笔钱使他们重新回到了学校。他们也许并不真正明白贫穷到底有多么可怕，但他们知道贫穷能够迫使自己辍学；他们也许还不能领悟"好好学习"对自己的命运究竟有着怎样的意义，但他们知道不好好学习就对不起这些给自己捐钱的叔叔和阿姨。对于六一节，他们从没有奢望过什么，因为在记忆中他们从没有过过这么一个节日。当他们知道自己要和小伙伴们一起坐车去郑州时，他们的心就像欢快的小鸟飞向了天空。郑州啊，远不远哪，那里是不是有着和电视里一样的高楼大厦和五彩缤纷的人群呢？那里的公园和登封的一样吗？那里有大山和河流吗？那个科技馆博物馆里面都有些什么东西呢……

　　长霞看着他们，就像看着一株株顶风冒雨正在成长着的小树。她希望他们都能成材，都能在不久的将来成为一棵棵于国于家有所作为的参天大树。她曾给126名助学民警开过会，她对他们说，用老百姓的话说，这个事情是功德无量。我知道大多数同志生活并不宽裕，有的同志更是上养老下养小地很不容易。所以我谢谢大家，谢谢大家对这项活动热情参与，也谢谢大家对我的理解。我知道局里还有一些同志对这件事并不理解，的确，捐资助学不是我们的本职，也超出了我们的财力。但是我始终认为这件事情意义深远，值得我们为之付出。也许教育并不能直接改变贫穷，但教育可以使人不再愚昧，可以改变这些孩子们的命运。从这个意义上来说，教育可以减少罪恶，而减少罪恶，也是我们警察的职责。这类事情，我们以后还要继续关注，能帮一个就帮一个，能做多少就做多少。

接着她又安排民警带这些孩子去郑州参观科技博物馆，并要求他们回来后每人能写一篇作文，把参观博物馆的感受写出来。

2003年夏天一个大雨滂沱的下午，长霞路过颍阳镇一处叫崔村小学的校舍，走进风雨飘摇中的教室，她看到屋里到处是水，孩子们的衣服和书本都被屋顶漏下的雨打湿了，而孩子们的脚，全都浸在地上至少20厘米深的积水中！回到局里，她再也放不下这事，眼前总是那一双双浸在水中的脚，她要让这些孩子和城市的孩子一样，坐在宽敞明亮的大教室读书，可这需要钱。她只是公安局长，而不是教育局长，她不能把公安局的财政拨款拿去给崔村盖希望小学。于是她以公安局的名义牵头搞募捐，发动社会各界捐资。

在长霞及登封公安局的努力下，崔村希望小学终于动土修建了。长霞三次来视察工程进度，每次来了都嫌慢，她要求开学之前必须把楼盖好，让孩子们按时开学上课。长霞每次来，崔村的男女老幼都要围着她，大多数人不好意思跟她搭话，只是跟着她走走停停，看个不够的样子。长霞就主动招呼，见了老人问个好，见了中年人问问收成，见了孩子摸摸头，见了更小些的孩子就抱起来摸摸脸蛋。

到来参加开学典礼时，长霞已和崔村村民很是熟络，她的车一停下，就有一大帮老老少少的村民围住她问话，他们问的大多都是，吃饭了吧。一轮问候下来，长霞至少把"吃了"重复了近百遍。新学校很好，占地面积足有2000平方米，四间大教室宽敞明亮，也有300多平米。虽然还远不能和郑州市的小学相比，但长霞很满足，而崔村人比她更满足。

开学典礼很热闹，长霞的脖子上系了一条红领巾，这是学生代表给她系的。可当她带着那条红领巾随孩子们一走进教室，她的注意力在一瞬间就被转移到了那些破旧的桌椅上。桌椅太残破了，像一个个苟延残喘的绝症患者，一碰就哼哼。一问，这些桌椅居然都是五十年代的。五十年代的，比自己还老得多，怎么能让它们和这些鲜活的小生命整天扭在一起呢？长霞叫来校长，她说你叫人立刻把这些桌椅扔出去，谁想要就让谁拿走，没人要的当柴烧。我回去想办法，24个小时之内我要让孩子们用上新桌椅。

长霞回局即和管财务的副局长商量办法，副局长建议她是不是再向社会各界搞搞捐资。长霞说不行，不能总向人家伸手，咱们自己想办法。第二天上午，两辆满载新桌椅的卡车驶向崔村小学。没有搬运工，全是兴高采烈的孩子们自己搬回教室的，他们太高兴了，做梦也没想到自己会用上这么好的桌椅。

⊖ 雪落中岳

★★★★★

　　春去秋来寒暑交替。一团团棉絮样的雪花，如同电影中的慢镜头，无声无息却又没完没了地在窗外纷飞着。长霞有些担心，担心那些在风雪中赶路的人们。明天又是她当值的局长接待日，她不知道会来多少上访群众，但她知道这场铺天盖地的大雪挡不住他们，他们会顶风冒雪地跋涉在山路上，一步步地走向登封城，走向公安局，走向控申科，走向她任长霞。

　　她只希望来的人少一些，再少一些，她不愿看到控申科门前再重现当年的"盛况"，她害怕看见他们满脸的悲苦和满眼的热泪，那悲苦会撕扯她的心，那热泪会"传染"到她的眼中，她已经记不清自己在登封城流了多少的眼泪，这地方的水土啊，海绵一样汲去了她数不清的泪水和血汗。她一生的眼泪好像都洒落在这里了，但这方土地实在太干太旱了，她那么多的泪水也没能把它打湿打透，滋润成一片天淡人和的绿洲。

长霞取出控申科的年终总结，仔细比较、对照着自己来后这三个年头的统计数字。2001 年控申人数是 3683 人次，2002 年为 3155 人次，2003 年的数字是 1113 人次。的确是降得很快也很多，但 1113 这个数字还是令她心头发闷，按一年 365 天计算，1113 意味着每天至少有三个人来这里上访诉冤。一天三人，这不是一个小数目啊，她希望可以打个颠倒，把一天三人颠倒成三天一人。这是她 2004 年的目标，她相信自己可以做到。不过上访的群众可不理会她的这种计数方法，他们才不管什么人数什么平均数字，他们只知道有事要找任长霞，他们总是扑着她当值的日子往这里"集中"，这就使得她每逢当值就要被眼前的"盛况"所惊吓，惊吓过后就要回来反复地查看控申报表，查看过后一颗心才能稳稳当当地从嗓子眼落回到胸腔里。这种现状却使她的心头隐忧日重，一方面她感激百姓的信任，另一方面她则对这种过于"集中"的信任深为不安。她喜欢听他们称她为长霞、闺女、姐姐、妹子，她最怕听到的就是"任青天"这三个字，她从没想到这"青天"二字会这样挂在自己的姓氏之后。从小看戏，她就知道包青天、海青天的故事，包青天、海青天说明的又是什么？

说明人家赵钱孙李的天都是黑的昏的，只有他包拯、海瑞的天才是青亮光明的！那么"任青天"呢，"任青天"又在说明着什么，……长霞每念及此，就不能不冷汗淋漓，再这么叫下去喊下去，她不是"个人崇拜"又是什么。人家那些人去郑州告状，总不会是空穴来风吧，人家总得抓住点凭证吧，这"任青天"不就是最好最活最现成的凭证吗。于是，她无数次地劝告他们不要再这么叫了，但是没用，老百姓就是不听她这个劝。

她打开日记本写道：

群众的信任比山都重，我没有任何理由不竭尽全力。很多人把工作当成生存手段，我不这样认为。我把警察这个职业当成信仰来爱着。我知道信仰会令人献出很多的东西，时间、精力、金钱、亲情，甚至生命。但我愿意这样，我愿意为信仰奉献一切。因为这种奉献使我有一种神圣的感觉，我爱这样的感觉。只是太对不起家人，又是这么长时间没去看他们，也不知他们会不会有朝一日从心底里把我放开，我真害怕那样。虽然两地相隔，但他们是我背后的一堵墙，只要知道他们在，我心里就有了底气。我真怕哪天一回头，只有空荡荡的一片,再也靠不住那堵墙了。真是害怕啊。但是我没有办法,自古忠孝难两全,我也实在做不到两头兼顾。他们会理解我原谅我的吧,会的,他们一定会的。他们会等到我退休之后再去补偿的。等到那时候,我会做一个最孝顺的女儿、最贤惠的妻子、最好最好的妈妈……

放下笔,长霞忽然想打开那两个大塑料袋子,好好看看,她取出袋中那些证书和奖章摊在床上,整张床都被摊满了。证书和奖章有的大有的小,有的新有的旧,有的她不用打开就知道里面写些什么,有的她却怎么也想不起来了,她试着"温习"那些荣誉:全国五一劳动奖章、全国三八红旗手、全国青年岗位能手、全国优秀人民警察、中国十大女杰……

胸口一阵刺痛,她不得不取出一把药片就着浓茶往下咽。她想等把春节忙过去,再去医院好好看看,确实不能再拖了,身体的很多零件都不像以前那样了,它们常常跟她示威,时不时地闹闹罢工,给她颜色看。她知道必须得"安抚"住它们,否则真会什么也干不成。

春节说话就到,长霞在全局年终总结大会上讲话时,破例强调了登封公安局三年来取得的成绩和荣誉。她很少这样讲话,以往她强调的总是不足,总是要求和目标,这次却不同,她认为经过三年的努力,登封公安局已经进入到一个新的发展时期。这个时期是从好到更好,从优秀到更优秀。在这样的背景下,当然需要强调荣誉。她说,我们局先后被授予"全国控申工作先进单位"、"河南省文明单位"、"河南省人民满意的政法单位"、"严打整治先进单位"等荣誉称号。这是我们的努力成果,这是全局干警用血和汗换来的。我们走过的历程很艰难,很不容易,因而我们更要珍惜,更要努力,更要百尺竿头,更进一步。进入 2004 年,我们更应该以公正执法、廉洁为民的行为实践着学习"三个代表"和"三项教育"的承诺,更应该严格要求自己,争取更大成绩。同志们,登封 60 万人民在看着我们,让我们上下同心、团结一致,为保卫 60 万人民群众生命财产的安全而携手努力……

长霞的讲话被一阵又一阵雷鸣般的掌声打断。她停停讲讲,讲讲停停,讲了很多很多。

除夕和初一照旧是要值班的,也照旧是要向家人致歉的。她给父母打电话,妈妈说,也不知道啥时候才能和你吃个团圆饭,家里年年就少你一个,你就不能让那些副局长替替你?都三个春节了,你总是这样。要是你一直在登封干下去,那我和你爸不就总也见不成闺女。长霞说,妈,我争取尽快回家来看你们,你们等我。

又打给丈夫，丈夫却说，你不能回来，那我们干脆去看你吧。长霞连说不行，她说我得到处慰问，光是17个派出所和几个老上访户就够我跑的了。你们不要来，来了我也不在局里。

从初一到初八，长霞马不停蹄，四处慰问。她看望17个派出所的值班人员，看望几桩大案的受害群众，看望几个老上访户，看望领导班子成员的家属，看望被资助读书的孩子们，看望自己收养的女儿小春雨，看望边远村庄的老百姓……她不停地奔波不停地祝福，偶有哪天回得早了，她就趴在桌上回复群众的来信。她回了很多信，但她怎么也回不完，群众的来信太多了，很多信只是想要问候她，并没有任何事情。有一封信写得很短，短短的几句话上有好几个错别字。

长霞局长：

天太冷，空气干，你出门要穿大衣，要围围巾，别被山风吹坏身体。我们全村人都求老天保佑你。你是好人。好人一生平安。

菜头村全体村民

这样的来信实在太多，多得她根本没时间一一回复。但她又不能不回，她懂得他们的心。她后来指派专人负责处理群众来信，该办的事就马上办，办不了的要尽快给人家消息，说明原因；不能办的更要以文字形式告诉人家前因后果；问候类的要回信致谢；咨询类的要回信解答；寻求帮助的要能帮就帮；提供线索的要赶紧查证；控告诉冤的要尽快调查……

她不允许任何群众来信在她这里石沉大海，她知道群众最怕的就是石沉大海，沉得多了久了，会让群众寒心的。

2004 年 1 月 30 日，农历的大年初九，长霞在这天的日历上写了两个字：回家。她准备了给父母和婆婆的药，计划着与全家老幼一起吃个团圆饭。但长霞没走成，也没能回家吃上那顿团圆饭。她在临出门时接到了报警，嵩山城出了人命案！

这是 2004 年度嵩山所属行政区域内的第一桩命案。

长霞扔下那两包东西就去了现场。现场的惨状令人触目惊心，这是一个只有 6 岁的小女孩，小女孩浑身伤痕累累，皮开肉绽，她的下身被捅着一根粗粗的铁条。这是位于邸城镇的一条土路，小女孩被残忍杀害后弃尸于此。长霞盯着那具血肉模糊的尸体，忍不住落下眼泪。

长霞迅速抽调精干警力组成"1·30"专案组。

然而，这个案子实在太难破了。长霞和专案组刑警四处奔波，足迹踏遍了登封的每个角落，可他们仍是没能得到任何有力的线索。

长霞把受害小女孩的照片贴在工作笔记的第一页，每次打开本子，她都要看她几眼，她告诉她，太难了，真的太难了。怎么努力也抓不住线索，但你放心，我们——警察叔叔和阿姨，一定会把那个魔鬼抓住，为你伸冤……

⊙→ 嵩飞长霞

★★★★★

"1·30"案件久悬未破，成了压在长霞心头的巨石，她已经在基层与专案民警同吃同住同工作73天。73天了，破案工作仍然没有突破，长霞急啊，急得吃不下、睡不着、满嘴起泡……

2004年4月14日早晨7点钟，长霞挣扎着起了床。她实在太困了，昨晚在郜城派出所"1·30"案件专案组开会，她向郑州市局专程赶来的副局长汇报案情并研究破案思路，回来时已是深夜2点，她又写了一会儿破案笔记，上床时已将近3点钟了。

长霞一下床就打电话叫行政科长来汇报工作。然后她换上了一身墨绿色的衣裙，又对着镜子涂了口红。今天她要赶到郑州去向副局长汇报破案的新思路，还要去郑州市人代会上报到，人代会明天就要开幕了。

8点整，长霞准时出发，刚汇报完工作的行政科长递给她两个菜馍和一根黄瓜。长霞坐在车上边吃早餐边打电话指示专案组的工作。

9点整，长霞赶到郑州，她直接赶到郑州市公安局义务植树的现场，找到副局长研究案情。他们就坐在马路边上，摊开张报纸，在地上反复比划着案发现场的情况。一辆辆汽车从他们身边驶过，荡起阵阵尘土，呛得长霞不停地咳嗽。

眼看着到了中午12点，长霞对跟随自己出来的郭振英等人说，你们先回去吧，回去准备今晚的案件碰头会。我还得去市人大报到。咱们晚上8点开会。晚上见。

郭振英等人回去了。长霞赶到郑州市人代会报到，办理参加人代会相关手续。下午，她仍在为"1·30"案件奔走着，她在郑州对几条案件线索一一进行查证核实。

这一忙就到了晚上。

整整一天，长霞只吃了那两个菜馍和一根黄瓜，她很饿，可她没有时间吃饭了，专案组还在等她开会。她只喝了一听可乐，就登上了回登封的车。

这时是晚上8点20分。

车在疾驶，长霞靠在座位上琢磨着案情，她的眼前又浮现出那个小女孩的惨状，她不由把双手握成了拳头。

夜色苍茫，长霞的车在郑少高速公路上疾驶。前方是郑少高速公路280桥东190米处，长霞抱紧提包，她想打开包，拿出工作笔记再看看破案思路……

天崩地裂的一声巨响，长霞跌入无边无际的黑暗……

此时，是2004年4月14日晚8点40分。

长霞的轿车右前方与一辆没有尾灯、同方向行驶的大货车左后方追尾相撞。

长霞抱着提包倒在车后座上，她的胸椎、颈椎受到瞬间重创，她什么也听不见，什么也看不着了，她就那么沉沉睡去了。

警车和救护车鸣笛疾驶，长霞被送到郑州市中心医院进行抢救。这时，她的瞳孔已经放大。

闻讯赶来的丈夫卫春晓冲进抢救室，他看到了屏幕上的一条直线。他抓紧长霞的手,他说,长霞你醒醒,你快醒醒……

几名医生围着长霞，他们已经使尽了一切手段。

登封公安局门口，一辆辆汽车驶出，飞一样冲向郑州……

长霞的手凉了,冰凉冰凉……

15日零时40分，长霞的心脏停止跳动。她永永远远地睡去了。

　　2004 年 4 月 15 日凌晨，长霞的遗体被护
送回登封。

后 记

盛世，不朽的传奇

任长霞因公殉职的消息传开，登封城里悲声一片，泪飞如雨。

一条条山路，一条条羊肠小道，一条条大街，一条条小巷，到处都是人，到处都是赶路的人，人们哭着走着，走向少林大道，走向长霞安睡的地方。

五公里长六十米宽的少林大道，到处都是鲜花和挽幛，到处都是花圈和泪水，泪水流在每一个人的脸上，泪水流在登封城60万群众的心上，泪水打湿了巍巍嵩岳，泪水汇入那滔滔颍河……然而，长霞再也不会醒来，她安睡在松柏和鲜花丛中，睡得安详，睡得甜美，她再也听不见那震天的哭声，再也看不见那泪水的河流。

登封城成了一座悲伤的城，满城皆悲。

登封人的眼泪比颍水还长，流也流不完。

老人、孩子、男人、女人，20万登封百姓来了，他们哭着

喊着扑向她的灵前，他们喊破了喉咙，哭哑了嗓子，直喊得嵩岳垂首，直哭得颍水呜咽。

他们的声音飞越嵩山，飞越中原，直飞遍神州大地。九州方圆，他们的泪水流过颍水，流过黄河，直流向滔滔东海浪击苍天……

他们用声音喊响了一个英雄的名字——任长霞。

他们用泪水铸造了一座时代的丰碑——任长霞。

他们用肩膀托起了一个盛世的传奇——任长霞。

他们用血泪打出了一面鲜红的旗帜——任长霞。

他们想她他们爱她他们多么不舍得她——任长霞。

他们血中有她心中有她真正成就了她——任长霞。

他们是千载巍巍的嵩岳，她是嵩岳的彩霞。

他们是万世滔滔的颍水，她是颍水的浪花。

他们是江是海是热血，血中交融着她。

他们是山是地是脊梁，脊梁扛起了她。

他们是浩荡长天，她是照亮天空的云霞。

他们是中华脉搏，脉搏中跳跃着无数个她。

他们，只有他们才可以吼亮一个惊天动地的名字——任长霞。

他们，只有他们才能够留下一个永远不倒的传奇——任长霞。

任长霞离开我们已是第九个年头了。想起当年老百姓为她送行的场面，至今仍然令人动容。的确，她是一个传奇，一个属于当代盛世的传奇。她以生命履行了她的信仰，她用忠诚诠释了她的使命，她以大爱无言的方式书写了鱼水挚情的力作，她用满腔热血奏响了英雄的赞歌。

她是共和国的英雄任长霞。她是人民警察任长霞。

人民，是她头顶的天脚下的地，是她的兄弟姐妹，是她的亲爹亲娘，她是他们的长霞，她是人民的长霞。

她是共和国人民永远的长霞。

安息吧，长霞。

永远的长霞。

/100位

新中国成立以来感动中国人物/

丁晓兵　马万水　马永顺　马恒昌　马海德　中国女排五连冠群体

孔祥瑞　　孔繁森　　文花枝　　方永刚　　方红霄　　毛岸英

王　杰　　王　选　　王　瑛　　王乐义　　王有德　　王启民

王进喜　　王顺友　　邓平寿　　邓建军　　邓稼先　　丛　飞

包起帆　　史光柱　　史来贺　　叶　欣　　甘远志　　申纪兰

白芳礼　　任长霞　　刘文学　　刘英俊　　华罗庚　　向秀丽

廷·巴特尔　许振超　　达吾提·阿西木　邢燕子　　吴大观

吴仁宝　　吴天祥　　吴金印　　吴登云　　宋鱼水　　张　华

张云泉　　张秉贵　　张海迪　　时传祥　　李四光　　李春燕

李桂林和陆建芬夫妇　李素芝　　李梦桃　　李登海　　杨利伟

杨怀远　　杨根思　　苏　宁　　谷文昌　　邰丽华　　邱少云

邱光华　　邱娥国　　陈景润　　麦贤得　　孟　泰　　孟二冬

林　浩　　林巧稚　　林秀贞　　欧阳海　　罗映珍　　罗健夫

罗盛教　　草原英雄小姐妹　　赵梦桃　　钟南山　　唐山十三农民

容国团　　徐　虎　　秦文贵　　袁隆平　　钱学森　　常香玉

黄继光　　彭加木　　焦裕禄　　蒋筑英　　谢延信　　韩素云

窦铁成　　赖　宁　　雷　锋　　谭　彦　　谭千秋　　谭竹青

樊锦诗

图书在版编目（CIP）数据

任长霞 / 申剑，申硕著. -- 长春：吉林文史出版
社，2012.7（2024.5重印）
（100位新中国成立以来感动中国人物）
ISBN 978-7-5472-1137-3

Ⅰ．①任… Ⅱ．①申… ②申… Ⅲ．①任长霞（
1964～2004）－生平事迹－青年读物②任长霞（1964～
2004）－生平事迹－少年读物 Ⅳ．①K828.2-49

中国版本图书馆CIP数据核字（2012）第171648号

任长霞

RENCHANGXIA

著/ 申剑 申硕
选题策划/ 王尔立　责任编辑/ 王尔立 李洁华 任玉茗
装帧设计/ 韩璠
出版发行/ 吉林文史出版社
地址/ 长春市福祉大路5788号　邮编/ 130118
电话/ 0431-81629363　传真/ 0431-86037589
印刷/天津海德伟业印务有限公司
版次/ 2012年8月第1版 2024年5月第5次印刷
开本/ 640mm×920mm　1/16
印张/ 9　字数/ 100千
书号/ ISBN 978-7-5472-1137-3
定价/ 29.80元